迈向碳中和

欧洲化学工业的低碳技术路线

(德)德国化学技术与生物工程学会(DECHEMA)组织编写
庞广廉　曾逸菲　朱良伟　等译

Technology study

Low carbon energy
and feedstock
for the European
chemical industry

·北　京·

内 容 简 介

本书从行业视角讲述了欧洲化学工业推进碳中和的路径，选取甲醇、乙烯、甲苯、合成氨等9种碳排放量较高的化工品，通过化工碳减排的案例分析、实证研究等方法系统阐述了欧洲的主要低碳路线。通过设定最大情景、雄心方案、中间方案、一切照旧等四种情景，分析上述重点领域的产量、供需情况以及二氧化碳减排潜力，探究装置改造及热电联产等方式促进节能增效的具体措施，进行产能与能耗对比、投资成本及实施难点分析并提出发展建议。

全书逻辑严谨、案例丰富，具有较强的实践性与操作性，对于同样面临碳中和压力的中国化工行业有非常重要的借鉴意义，适合石油化工行业从事科技研发和企业管理的人员阅读。本书内容将为科研人员选择未来研究方向，为企业确定重点投入战略提供支持。

Technology study: Low carbon energy and feedstock for the European chemical industry by DECHEMA
ISBN 978-3-89746-196-2
Copyright © 2017 by DECHEMA e.V.. All rights reserved.
Authorized translation from the English language edition published by DECHEMA .
本书中文简体字版由DECHEMA授权化学工业出版社出版发行。
未经许可，不得以任何方式复制或抄袭本书的任何部分，违者必究。

图书在版编目（CIP）数据

迈向碳中和：欧洲化学工业的低碳技术路线/（德）德国化学技术与生物工程学会组织编写；庞广廉等译. —北京：化学工业出版社，2022.8

书名原文：Technology study: Low carbon energy and feedstock for the European chemical industry

ISBN 978-7-122-41615-5

Ⅰ.①迈… Ⅱ.①德… ②庞… Ⅲ.①化学工业-低碳经济-经济发展-研究-欧洲 Ⅳ.①F450.67

中国版本图书馆CIP数据核字（2022）第098116号

责任编辑：傅聪智　赵媛媛　高璟卉　　　装帧设计：尹琳琳
责任校对：宋　夏

出版发行：化学工业出版社（北京市东城区青年湖南街13号　邮政编码100011）
印　　装：北京宝隆世纪印刷有限公司
710mm×1000mm　1/16　印张12　字数142千字
2023年3月北京第1版第1次印刷

购书咨询：010-64518888　　　　　　　售后服务：010-64518899
网　　址：http://www.cip.com.cn
凡购买本书，如有缺损质量问题，本社销售中心负责调换。

定　价：128.00元　　　　　　　　　　　　　　　版权所有　违者必究

著译者名单

原著作者　　Dr. Florian Ausfelder

　　　　　　　Dr. Alexis Michael Bazzanella

　　　　　　　DECHEMA Gesellschaft für Chemische
　　　　　　　Technik und Biotechnologie e.V.

译　　者　　庞广廉　　曾逸菲　　朱良伟
　　　　　　　杨丹琪　　汪　爽　　阎靓玉
　　　　　　　张郁郁　　王　瑜　　台向敏

序 言

气候变化给人类生存和发展带来严峻挑战，积极应对全球气候变化、推动绿色低碳发展已成为各国共识。全球各国正在根据本国的经济、资源能源和产业现状探索适宜、有效的碳减排途径。秉持共同但有区别的责任原则，中国一直主动承担与国情相符的国际责任，积极推进经济绿色转型，不断自主提高应对气候变化行动力度。碳达峰碳中和是以习近平总书记为核心的党中央统筹国内国际两个大局作出的重大战略决策。中国正在稳步推进碳达峰碳中和工作，建立健全绿色低碳循环发展经济体系，持续推动产业结构和能源结构调整，启动了全国碳市场交易，构建了碳达峰碳中和"1+N"政策体系，积极参与气候变化国际谈判。

石油和化学工业是国民经济支柱产业，产业链条长、产品覆盖面广，与经济社会建设和人民生活息息相关。中国石油和化学工业已经取得了举世瞩目的辉煌成就，支撑了全面建成小康社会的历史进程，贡献了人民群众美好生活的物质基础，改变了世界石化行业的发展格局。但是，中国石油和化学工业也面临着能源消耗量和碳排放量大的现实。面对长期、艰巨、复杂的碳达峰碳中和任务，石油和化学工业需要不断思考如何结合自身实际，探索碳达峰碳中和的方向和方法，稳步推进行业减碳进程。

碳达峰碳中和既是挑战，更是机遇。碳达峰碳中和将全面重塑我国的经济结构、能源结构、生产方式和生活方式，创造广阔的市场前景和商业机遇。在未来相当长的时间里，碳达峰碳中和将成为推动石油和化学工业技术革新、转变经济增长方式的重要动力。能源清洁高效利用、工业低碳流程再造、新能源和可再生能源、二氧化碳转化等低碳、零碳、负碳技术将成为包括石油和化学工业在内的各个行业技术发展的方向。能否抓住这次历史性变革的机遇，实现跨越式发展，将对我国石油和化学工业产生极为深远的影响。

他山之石可以攻玉。中国石油和化学工业在加快绿色低碳科技创新的过程中，也需要以全球视野，积极研究借鉴欧、美、日等石油和化学工业强国和地区的清洁低碳方面的重要技术与创新成果，为中国化学工业绿色低碳转型提供技术与管理思路。《迈向碳中和——欧洲化学工业的低碳技术路线》就是一部从行业视角讲述欧洲化学工业推进碳中和路径的较有代表性的著作。此书系统阐述了甲醇、乙烯、甲苯、合成氨等9种碳排放量较高的化工品在欧洲主要的低碳工艺路线，着重介绍了促进节能增效的具体措施，列举了促进碳减排的广泛技术组合，对中国石油和化学工业选择碳中和方向和路径，具有较强的借鉴意义。希望此书的翻译出版能够对中国石油和化学工业的高质量发展和碳达峰碳中和工作提供一定参考。

是为序。

李云鹏

中国石油和化学工业联合会党委书记

2023年1月8日

译者前言

碳中和，堪称人类历史上第三次能源革命，已成为推动全球能源工业转型和人类生活方式变革的重要力量。中国作为世界上最大的发展中国家，实现碳达峰、碳中和是我们向世界做出的庄严承诺，不但是以习近平同志为核心的党中央统筹国内国际两个大局做出的重大战略决策，更是着力解决资源环境约束突出问题、实现中华民族永续发展的必然选择。

目前，全球已有140多个经济体提出了程度不等的碳中和目标，对全球气候治理乃至国际政治经济改革都将产生深远的影响和有力的推动，全球碳中和行动的规模和影响力日益扩大。欧盟作为世界排名前列的经济体，已于1990年实现碳达峰，目前处于深度脱碳阶段，是世界碳减排的先行者。

自1990年碳达峰至2050年碳中和，欧盟的碳减排历经30余载，已过半程，碳排放当量也从20世纪90年代的55亿～60亿吨减至2020年的27亿～33亿吨，相对其峰值降了半数。相较于欧盟，我国承诺2030年前实现碳达峰，2060年实现碳中和，要用30年完成欧洲60年的目标，任务不可谓不艰巨。尤其是高度依赖化石能源的化工领域如何科学地推进碳中和，是我们需要深入剖析和论证的问题。

《迈向碳中和——欧洲化学工业的低碳技术路线》（Technology study: Low carbon energy and feedstock for the European chemical industry）由德国化学技术与生物工程学会组织编写，是一部从行业视角讲述欧洲化学工业推进碳中和路径的较有代表性的著作。该书选取甲醇、乙烯、甲苯、合成氨等9种碳排放量较高的化工品，通过化工碳减排的案例分析、实证研究等方法系统阐述欧洲主要的低碳工艺路线。该书开创性地设定了最大情景、雄心方案、中间方案、一切照旧四种情景，分析以上重点领域在四大情景下的产量、供需情况以及二氧化碳减排的潜力，探究装置改造及热电联产等方式促进节能增效的具体措施，同时依据四种情景分别开展产能与能耗对比分析、每年低碳技术应用率和装置新改建率分析、投资成本及实施难点分析，并提出了发展建议。此外，该书列举了促进碳减排的广泛技术组合，如氢能参与的减碳方案、蒸汽裂解等主要工艺的低碳替代方案、生物质减碳方案及循环化利用方案、CO_2直接制化学品及CCS技术等。该书逻辑严谨，案例丰富，既勾勒出欧盟走在世界前沿的低碳顶层框架设计，也对不同产品和工艺进行了深入探索和分析。该书具有较强的实践性与可操作性，相信会对我国的石化企业具有较强的借鉴意义。

因此，借我国正式开启碳中和时代的契机，我们团队将《迈向碳中和——欧洲化学工业的低碳技术路线》一书译成中文，以期通过展现欧洲化工行业的减碳路径，为我国行业企业提供清洁低碳的颠覆性技术与创新方案，为我国化学工业绿色低碳转型提供技术与管理思路。

采他山之石以攻玉，纳百家之长以厚己。在翻译的过程中，我们竭尽所能将欧洲减碳路径准确真实地还原在读者面前。例如，书中也提到，化学工业碳减排不能简单地依靠源头减碳。"化学工业作为以碳为基础的工业，无法实现脱碳，应充分发挥碳的原料价值，供应于造纸、汽车、纺织、建筑等下游领域。"科学运用技术手段和新型工艺，节能降耗、提升能效，发展循环经济，摆脱工业化时期的资源依赖理念和发展模式，走技术依赖的可持续发展道路，方能对碳中和之路进行长效支撑。

改革开放以来，中国经济创造了持续快速增长的奇迹，成为全球第二大经济体，与此同时，在温室气体排放量和历史累积碳排放量方面也居于前列。而欧盟碳关税政策的出台，将使我国实现碳达峰、碳中和目标压力进一步加大。2022年3月，欧盟理事会通过碳边境调节机制，将推动全球供应链的变革，我国将会面临更加严苛的排放政策，工业尤其能源化工发展形势更为严峻。

着眼今天，碳达峰、碳中和的东风已拉开石化行业深度变革的序幕。放眼未来，也可以预见，双碳目标的实现进程中，石化行业可能会经历一些阵痛，但是碳中和引领的产品更迭、技术变革、产业升级，必将引领行业生产运营的效率进一步提升，也将倒逼我国加快能源和产业结构调整，积极开展绿色技术研发，开展气候领域的全球合作，加快形成绿色低碳循环发展的新格局。

中国石油和化学工业联合会作为一个肩负着行业使命的组织，义不容辞地承担着与我国大国担当相匹配的行业责任，必须完整、准确、全面贯彻新发展理念，积极践行双碳目标，在高质量发展中促进行业绿色转型，加强行业的国际交流合作，积极参与全球碳市场规则制定，助力我国尽早实现由化工大国向化工强国的跨越，为全球应对气候变化、实现人类可持续发展作出贡献。

译者

2023年1月8日

前　言

化学工业是我们生活的现代社会的重要组成部分，通过将资源转化为有价值的产品和材料，化学工业使许多下游价值链得以实现，化工行业在创造巨大利益的同时，也为世界在21世纪应对重大社会挑战提供了解决方案。

二氧化碳排放的影响是这些挑战中最有难度的一类，几乎所有当下人类活动所需的能源和产品都严重依赖廉价而丰富的化石资源。

化学工业也不例外。它需要能源进行工艺运行，或作为原料（其中多是碳原料，最终化合到大多数化学产品和材料中），导致二氧化碳排放。而欧洲化学工业在减少其工业操作的温室气体排放方面有着长足的进步，此外，它还在许多价值链的重大节能项目中提供解决方案（例如使用绝缘材料施工，使用节油技术运输并使用轻型材料），并在减少二氧化碳排放方面卓有成效。

本书分析化学工业如何利用突破性技术进一步减少其关键生产环节的二氧化碳排放，旨在提供有前景的低碳技术的定量数据，预估其二氧化碳减排的潜力，并指出当前技术和成本方面的制约。

科技发展前途光明，目前的研究已经具备了进一步发展的能力，可以进入下一更高级发展的阶段。但是在当今框架条件下，很难大规模地实施这些技术，同时，我们还需要保障这一欧洲关键工业部门的利益和全球竞争力。这表明，公营及私营机构需要协同，进一步支持前瞻性的创新研究，并密切关注产业相关问题。这也表明，公营及私营机构比以往任何时候都更需要就法规监管框架进行密切对话，以期更好地实现长期转变。

本书对欧洲化学工业的未来以及向碳中和社会的过渡进行有价值的探讨，其中的主要发现有望促进主要利益相关方间的成功对话。

Marco Mensink
Director General Cefic

Kurt Wagemann
Managing Director DECHEMA

概　要

2011年，欧盟委员会发布了2050年能源战略和路线图，目标是在1990年的基础上减少欧洲80%～95%的温室气体排放量。欧盟委员会2015年发布的能源联盟战略一揽子计划概述了欧洲可持续、低碳和气候友好型经济的愿景，这样的政治愿景需要技术突破的支持。本书旨在分析欧洲化学工业在其产品的碳中和转型中将面临的机遇和挑战，包括潜在的二氧化碳减排、经济制约、投资、创新研究要求。

化学工业和温室气体排放

化工行业为许多下游行业和终端消费领域提供解决方案。化学品和材料（如绝缘材料、高效照明材料、运输轻型材料、用于可再生技术的先进材料等）的使用对许多领域的节能和减排作出了重大贡献。2009年一项针对多个化学品生命周期评价（LCA）[1]的研究表明：2005年生产化学品时每排放1单位碳，就能在这些化学品的生命周期内少排多达2.6单位的二氧化碳。

欧洲的化学工业是能源密集型的。根据"工业能效趋势和政策"（EC 2015）的研究，化学工业是工业能源的主要消费者，占工业能源总消费的19%。然而，欧洲化学工业已经能够将能源消耗与生产分离开来。自1990年以来，其能源密集度降低了56%；与此同时，欧洲化学工业的温室气体排放量减少了59%[2]。如今，化学工业是欧洲第三大温室气体排放工业。

2050年碳中和化工行业的技术方案和路径选择

由于化工领域的多样性和复杂性,本书关注用于上游大批量生产过程的主要化学品(如氨、甲醇、乙烯、丙烯、氯、苯、甲苯和二甲苯)。生产这些化学品的温室气体(GHG)排放占目前化工领域温室气体排放的三分之二。通过采取进一步的能效措施、使用替代碳原料(即生物基原料和二氧化碳)以及受益于不断脱碳的电化学过程,这些产品可以通过新的低碳工艺生产。

新技术和新工艺的发展分为四种情景,其设定的目标依次增高,从"一切照旧"情景(business-as-usual,BAU)(即不进行任何低碳部署或能效措施)到"最大"情景(maximum,Max)(按照理论最大值全面实施低碳技术,包括能效措施)。对于一些可能用作燃料替代品的产品(如甲醇、乙醇),还分析了利用新的低碳技术生产这些替代燃料的影响。

重点发现:欧洲化工行业2050年实现碳中和的主要困难

本书所述技术的实施将使二氧化碳排放量在2050年显著减少(在最大情景下,每年可减少210Mt[1])。包括本书中考虑的与技术路径相关的燃料的生产和使用,即使在中间情景下,2050年额外的二氧化碳减排潜力也超过了化工行业目前的排放量(图1)。

然而,这种向碳中和的过渡将给欧洲化工行业带来巨大的挑战:低碳能源的可获得性、替代原料的可获得性、新资产的投资远远超过近年来的典型投资水平、缺乏竞争力的生产成本等。

---

[1] $1Mt=1\times10^6 t=100$ 万吨。

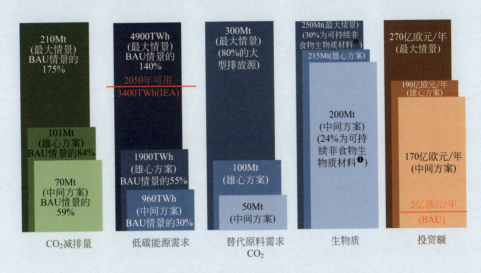

图1 到2050年不同情景下的机遇和挑战（不使用燃料）

其中一些挑战需要其他行业共同面对。例如，根据国际能源署（IEA）对2050年低碳发电能力的预测，转型需要的大量廉价碳中和能源将占其中很大一部分，甚至可能超过这一数字。

显然，一个需要克服的主要障碍是本书中提到的目标构建模块。若在现阶段使用这些低碳技术生产，那么生产成本要高得多。例如，氨、甲醇、烯烃和芳烃（BTX）利用低碳技术生产的成本将比在目前条件下用化石原料生产的成本高出2到5倍。原料成本高的问题（以生物质为原料的情况下）进一步加剧了以氢为基础的工艺中低碳氢成本相对较高的问题。

---

❶ 特指秸秆等非地沟油生物质原料。

建 议

为了实现欧盟2050年的目标，提高所需先进技术潜力亟需一个雄心勃勃的研发和投资计划，公私合作对于实现所需投资的快速部署和风险分担至关重要。此外，应进一步探索行业共生机会和可持续材料回收方案，以提高能源和资源利用效率，突破行业壁垒。

然而，单靠创新并不能弥合本书中强调的巨大生产成本差距。在考虑欧洲化学工业全球竞争力的情况下，实现碳中和需要公共和私人利益相关方进行充分对话，以了解挑战的规模和影响。

本书的研究结果可以支持基于事实的讨论，探讨欧洲化工行业在这一过程中所面临的挑战和机遇。

技术概览

本书旨在探讨欧洲化学工业迈向碳中和的路径。产品走向低碳化生产的过程，需要进一步利用能源和资源增效措施，更多地使用生物质可再生原材料和二氧化碳等替代碳原料取代化石原料，降低总体碳足迹，同时探索并受益于不断脱碳的电化学过程。化学工业的多样性和复杂性使它不可能覆盖所有方面、过程和产品，本书侧重研究在温室气体排放中占有相当比重的产品，主要集中在上游化学品：氨、尿素、甲醇、乙烯、丙烯、氯、苯、甲苯和二甲苯。本书研究评估主流的低碳工艺路线，并探讨化学工业与其他过程工业的协同作用和工业共生机会，包括副产物和废料定价以及聚合物与聚合物废料作为原料回收的影响。

本书还特别研究了生产合成燃料作为化学工业对运输行业脱碳的潜在贡献。

本书介绍了各种技术方案和存在的挑战，以及部署这些技术方案所需的经济限制、必要投资、科技创新需求和框架条件。这些潜在的影响是基于四种不同雄心水平的情景来描述的：

- 🌱 "一切照旧"情景（BAU）：假定没有实施新技术方案，也没有采取进一步提高效率的措施。
- 🌱 中间方案（Interm）：中间的雄心水平和缓慢但持续的低碳技术部署。
- 🌱 雄心方案（Amb）：高的雄心水平，具备足以克服任何限制的所有利益相关者的强大支持。
- 🌱 最大情景（Max）：理论潜力，即可能的二氧化碳减排上限。

本书的情景设置以IEA的450ppm❶情景和IEA的欧洲技术展望2015（ETP 2015）2℃模型中未来的能源结构和燃料需求作为基础，并假设欧盟化学工业的规模每年增长1%。

---

❶ $1\text{ppm}=1\times10^{-6}$。

二氧化碳减排潜力

本书中所述技术的实施将使2050年的二氧化碳排放量在最大情景下每年最多减少210Mt。在研究的四种情景中，中间方案可以减少70Mt，雄心方案可以减少101Mt，相当于2050年预期排放量的59%到84%。

通过进一步的效率措施和工厂改造，转向以动力为基础的热和蒸汽生产以及废热回收，可以减少20～30Mt二氧化碳的排放。利用低碳电力中的氢生产氨，以及利用氢气和二氧化碳生产甲醇、烯烃和BTX（苯、甲苯、二甲苯）是这部分减排的主要贡献者。这些过程能够减排归因于避免了化石能源排放和以CO_2作原料的固碳作用，实现了CO_2循环利用并避免了使用化石原料。其中，特别高效的是：每吨氢基合成氨产品可以减排1.7t二氧化碳，每吨氢基甲醇产品可减排1.5t二氧化碳。现行基于电解的氯生产过程将受益于电力部门的逐步脱碳，不需要新的过程途径。本书所述以生物质为基础的石化产品生产过程需要多个步骤，生物质利用效率相对较低，需要大量的生物质，只有有限的二氧化碳减排潜力。事实上，与已建立的化石原料途径相比，由生物质生产BTX的过程相关的温室气体排放量更高。建议不要由生物质直接生产drop-in型石化产品，而是更有效地合成目标产品，以保持生物质原料分子的功能单元，如聚乳酸和琥珀酸等富氧和碳酸分子。

在上述情景下，如果将燃料生产添加到化学品生产中，则中间方案下2050年的二氧化碳减排潜力将增加到117Mt，雄心方案将增加到216Mt，相当于2050年化工行业自身排放量的98%～180%。至于燃料，考虑了甲醇作为汽油添加剂、生物乙醇和合成柴油以及氢通过费-托合成生产的燃料，与化石燃料相比，drop-in型燃料的"从油井到车轮"的碳足迹较少。

在工业共生方面，与钢铁行业的合作似乎特别有前景，因为钢铁制造的废气中含有大量的一氧化碳，也含有可以作为合成气的氢。在欧洲，这个数量足以供应55Mt甲醇的生产。

聚合物的回收利用以及将聚合物废料用作化工原料具有很大的节能潜力。根据埃森哲[3]的研究报告，聚合物回收利用对能源的需求，相比于从头合成，到2050年，潜在节能累计高达57Mt标准油——这比欧盟化学工业一年的燃料和电力耗能还多。量化二氧化碳减排需要详细分析回收路线的碳足迹，其中应与从头合成的新产品对比，分析聚合物回收利用所需的能源、回收聚合物的性能和附加值。

化学工业要在2050年之前达到上述量化范围内的二氧化碳减排目标，就必须：

- 对低碳能源的需求远远超过国际能源署（IEA）预测的2050年欧洲可获得的低碳能源数量。需求范围从中间方案的960TWh❶（预计可供应的30%）到雄心方案的1900TWh（预计可供应的55%），再到最大情景的4900TWh（预计可供应的140%）。如果包括燃料，需求则分别增加到2000TWh（60%）、4600TWh（135%）和11700TWh（350%）。

- 对二氧化碳作为原料的需求范围为化学品50Mt（中间方案）～300Mt（最大情景），化学品和燃料110Mt（中间方案）～670Mt（最大情景）。IEA预计，大型固定来源将产生380Mt CO_2，如果包括燃料，这将足以满足中间方案和雄心方案的需求，但是不足以供给最大情景。

- 对生物质原料的需求范围为200～250Mt。这大致相当于欧洲可持续性生产的非粮食和饲料生物质（即木质纤维素和废弃物生物质）的30%。因此，进一步扩大生物质原料供给非常困难。

---

❶ $1TWh=1\times10^9 kWh$。

- 对大量额外投资的需求。基于参考情景每年的投资成本为21亿欧元,实施效率措施每年的投资成本将达到141亿欧元,而中间方案、雄心方案和最大情景每年的投资成本分别为170亿欧元、192亿欧元和267亿欧元。由于所考量的过程只代表化学工业的一部分,虽是能源最密集的部分,但不一定是投资最多的部分,这表明已经处于激烈全球竞争中的欧洲化学工业将面临一项巨大的额外投资。

对于化学工业来说,向碳中和过渡将带来巨大的挑战,其中一些挑战通常超出化学工业的范围。这一转变需要获得大量廉价的碳中和能源。因此,化工行业的碳中和依赖于更高水平的低碳发电能力,至少是国际能源署目前预期水平的2倍,才能满足需求。届时,化工行业可能会需要增加100%的产能。

原料,包括生物质和工艺气体(如二氧化碳和一氧化碳)在内,必须以较低的价格供应,从长期来看,即使不低于化石原料,也必须具有竞争力。需要非常大的投资,并且可以预见流动资产将发生重大变化。

一个需要克服的主要困难是,在低碳技术的情景下,构建模块的生产成本相对较高。尽管基于动力的蒸汽产生和蒸汽再压缩热回收技术在成本方面已经颇具竞争力,但目前氨、甲醇、烯烃和BTX的低碳技术生产成本是基于化石原料生产技术的2～5倍。这与高原料成本(对于生物质而言)和高电力成本(对于氢基工艺而言)有关。必须指出,以电解为基础由水和二氧化碳生产化学品的过程,比使用现有的化石原料需要更多的能源、资源和成本。

对于一些基本的构建模块,现行的生产过程并不高效,需要开发替代过程,尤其是从生物质中生产BTX,目前还没有成熟的技术。

根据这些调查结果,建议采取以下行动:

- 实施一个大型和雄心勃勃的研发投资计划,以进一步研究新技术的潜力,包括低碳氢生产、二氧化碳利用、木质纤维素生物质用于化学和生化合成、废热回收等；

- 政府与社会资本合作（PPP）应专注于研发和投资工作，并为创新技术示范项目分担投资风险；快速实现5kt/a以上、具有灯塔性质的示范工厂是先决条件；
- 加强跨部门合作，探索产业共生机会，创造协同效应，提高工业边界以外的能源和资源效率；
- 与政策制定者进行对话，指出存在的障碍和制约因素，促进市场准入；
- 建立欧洲二氧化碳排放源和基础设施中心数据库，包括排放量低于向欧洲污染物排放和转移登记机构申报临界值的排放者，为工业共生做准备；同样，建立现有可持续生物量数据库和生命周期数据中心数据库。

就R&I优先事项而言，重点必须放在制氢技术上，因为氢是低碳技术的重要组成部分。这包括系统寿命和性能的改进，以及堆栈的扩展。尚不成熟的技术还需要进一步开发——特别是固体氧化物电解在效率和长期成本效益方面具有很大的潜在优势。应进一步开发电-热技术（电热泵），将操作窗口温度提高到250℃以上。对于生物质，木质纤维素的选择性热解（催化快速热解）或加氢解聚复杂的木质素结构并稳定反应中间体是重要的R&I优先事项，因为可以提供芳香化合物。总地来说，二氧化碳利用是一个新兴领域，在过去5年中取得了显著进展。直接电催化转化（如从二氧化碳直接生产乙烯）是一个新颖的选择。光催化工艺仍处于基础阶段，有待进一步研究。

然而，仅靠进一步的创新并不能缩小生产成本上的差距。因此，如果我们共同致力于碳中和，同时又要确保欧洲化学工业的全球竞争力，作为与公共利益相关方共同努力的一部分，框架条件的改变是必要的。有效的沟通对话将对私人和公共利益相关方了解挑战的规模和影响起至关重要的作用。

目 录

01 概述 — 1

1.1 背景 — 1
1.2 研究范围 — 2
    1.2.1 产品范围 — 3
    1.2.2 重点研究技术 — 4
    1.2.3 本书中的情景假设 — 6
1.3 基本假设和数据来源 — 7
1.4 定义 — 8

02 能效提升潜力 — 11

2.1 增量改进 — 11
2.2 最佳实践技术的应用 — 12
2.3 先进热集成 — 12
2.4 过程强化设备 — 13
2.5 能效措施的影响 — 13

03 低碳电力的直接应用 — 15

3.1 用电制蒸汽（TRL 7） — 15
3.2 基于蒸汽再压缩的先进热能管理技术 — 18
3.3 氯碱生产（TRL 9） — 19
    3.3.1 氯碱生产工艺流程 — 19
    3.3.2 单位产量能源需求 — 21
    3.3.3 生产单位氯碱的二氧化碳减排量 — 22
    3.3.4 氯碱工艺的经济性 — 23

04 以氢气和二氧化碳为基础原料的生产路线 24

4.1 氢气的低碳生产 25
4.1.1 电解制氢 25
4.1.2 其他低碳制氢生产工艺 32

4.2 氢气合成氨 34
4.2.1 传统氨生产工艺（TRL 9） 34
4.2.2 低碳方式的氨生产（TRL 7） 35
4.2.3 合成氨各单元的能量需求 36
4.2.4 单位氨合成的二氧化碳减排量 37
4.2.5 低碳合成氨工艺的经济性分析 38
4.2.6 氨的混合生产工艺 38

4.3 低碳氨与二氧化碳合成尿素 39
4.3.1 尿素合成各单元的能量需求和 CO_2 减排量 40
4.3.2 低碳路线生产尿素的经济性 41

4.4 以氢气和二氧化碳为原料的甲醇合成路线 41
4.4.1 常规甲醇生产工艺（TRL 9） 41
4.4.2 低碳甲醇生产（TRL 7） 42
4.4.3 单位甲醇生产的能耗指标 44
4.4.4 单位甲醇生产的二氧化碳减排量 45
4.4.5 低碳甲醇生产的经济性分析 46

4.5 甲醇制乙烯和丙烯（TRL 8~9） 47
4.5.1 常规乙烯和丙烯生产 47
4.5.2 甲醇制乙烯和丙烯低碳工艺技术（TRL 8~9） 47
4.5.3 甲醇生产乙烯和丙烯的单位能源需求 49
4.5.4 单位乙烯和丙烯生产的二氧化碳减排量 49
4.5.5 低碳工艺生产乙烯和丙烯的经济性分析 50

4.6 氢基甲醇路线生产BTX（TRL 7） 50

    4.6.1 常规工艺路线生产BTX（TRL 9） 50
    4.6.2 低碳甲醇工艺生产BTX（TRL 7） 50
    4.6.3 低碳工艺生产BTX的能源需求 51
    4.6.4 低碳工艺生产BTX的二氧化碳排放量 51
    4.6.5 低碳工艺生产BTX的经济性分析 52

4.7 低碳氢气和二氧化碳合成燃料 52

    4.7.1 低碳甲醇作为运输燃料 52
    4.7.2 通过合成气和费托合成生产柴油和煤油（TRL 5～7） 54

4.8 氢气和二氧化碳合成甲烷 57

    4.8.1 由氢气和二氧化碳合成低碳甲烷/合成气（TRL 6～7） 58

4.9 基于氢气的低碳合成路线的比较 60
4.10 二氧化碳作为化工原材料 61

05 使用二氧化碳的替代合成途径 64

06 以生物质为原料的低碳化学品生产 66

6.1 生物甲醇的生产（TRL 6～7） 67

    6.1.1 生物甲醇的生产过程 67
    6.1.2 单位生物甲醇生产的能源和原料需求 68
    6.1.3 单位生物甲醇生产的二氧化碳减排量 68
    6.1.4 生物甲醇生产的经济性分析 69

6.2 生物乙醇的生产（TRL 7～9） 70

    6.2.1 生物乙醇生产过程 70
    6.2.2 单位生物乙醇生产的能源和原料需求 71

	6.2.3	单位生物乙醇生产的二氧化碳减排量	72
	6.2.4	生物乙醇部分替代汽油的二氧化碳减排量	73
	6.2.5	生物乙醇生产的经济性分析	73

6.3 生物乙烯的生产（TRL 8~9） 73

	6.3.1	生物乙烯的生产过程	73
	6.3.2	单位生物乙烯生产的能源和原料需求	74
	6.3.3	单位生物乙烯生产的二氧化碳减排量	74
	6.3.4	生物乙烯生产的经济性分析	75

6.4 生物丙烯的生产（TRL 6~7） 75

	6.4.1	生物丙烯生产过程	75
	6.4.2	单位生物丙烯生产的能源和原料需求	76
	6.4.3	单位生物丙烯生产的二氧化碳减排量	76

6.5 生物质为原料生产BTX 77

	6.5.1	BTX的生产过程	77
	6.5.2	以生物质为原料生产单位BTX的能源和原料需求	78
	6.5.3	以生物质为原料生产单位BTX的二氧化碳减排量	78

6.6 不同生物质合成路线的对比 79
6.7 可利用的生物质原料 80

07 其他行业的气体排放和侧流的利用（工业共生） 82

7.1 二氧化碳的来源 83
7.2 钢铁制造作为H_2、CO和CO_2/CO混合流的来源 84

	7.2.1	钢铁生产中的废气用于乙醇生产	86

7.3 其他工业共生 87

| 08 | 循环利用的概念及用聚合物废料作为化工原料 | 88 |

| 09 | 描述低碳化学工业的4个情景 | 91 |

9.1 "一切照旧"情景 91

    9.1.1 化学品产量 92
    9.1.2 二氧化碳排放量 92

9.2 最大情景 93

    9.2.1 产量 94
    9.2.2 二氧化碳减排量 96

9.3 中间方案 97

    9.3.1 低碳产量 98
    9.3.2 二氧化碳减排量 100

9.4 雄心方案 101

    9.4.1 低碳产量 102
    9.4.2 二氧化碳减排量 103

9.5 不同方案的产量和二氧化碳减排量汇总 105

| 10 | 不同情景下的能源和原料需求 | 107 |

10.1 对"无碳电力"的需求 107
10.2 二氧化碳作为原料的需求 110
10.3 生物质作为原料的需求 111

11 不同情景下的经济影响　　113

- 11.1　生产成本　　114
- 11.2　单种化学产品的总生产成本和避碳成本　　118
  - 11.2.1　氨　　119
  - 11.2.2　氯气生产　　121
  - 11.2.3　尿素　　122
  - 11.2.4　甲醇　　124
  - 11.2.5　乙烯、丙烯和BTX　　126
- 11.3　总结　　128

12 研发与创新的需求　　130

13 政策措施　　134

14 欧洲化学工业的转型　　136

- 14.1　当前欧洲化学工业的能源供应、原料基础与碳流　　136
- 14.2　"一切照旧"情景中，欧洲化学工业的能源供应、原料基础和碳流　　138
- 14.3　中间方案中，欧洲化学工业的能源供应、原料基础和碳流　　140
- 14.4　雄心方案中，欧洲化学工业的能源供应、原料基础和碳流　　141
- 14.5　最大情景中，欧洲化学工业的能源供应、原料基础和碳流　　142

| 15 | **致谢** | **144** |

| 16 | **附录** | **145** |

附录1　计算氢成本随工作时间的函数的假设　145
附录2　假设可行情景　145
附录3　中间情景历年假设、影响和需求数据　146
附录4　雄心方案历年假设、影响和需求数据　149
附录5　最大情景历年假设、影响和需求数据　152
附录6　二氧化碳捕集技术　154

尾注　　**159**

01 概述

1.1 背景

化学工业是能源密集型工业。2014年，欧盟化学工业（包括制药）的燃料和电力消耗量为52.6Mt标准油（2.2EJ❶或612TWh）[4]，占欧盟工业总能耗的19.5%。2014年，化工行业与工艺相关的二氧化碳排放量为120Mt。与1990年相比，全行业的产量增加了78%，在能源效率措施方面的持续努力已经使温室气体排放总量比1990年减少了59%，这说明生产与排放并不完全呈正相关。然而，这种"脱钩关系"有其局限性，能效提高所带来的绝大部分减排红利已经被利用，至少对于大型化工产品而言是如此。

在二氧化碳排放方面，必须考虑到下游使用的化学品，如绝缘材料、高效照明材料、汽车用轻质材料和可再生技术用先进材料。这些化学产品为减少许多部门的能源需求和排放做出了重大贡献。一项汇编了若干生命周期分析（LCAs）的研究表明，2005年化工行业每排放1单位碳，其产品和技术就可减少2.1～2.6单位的二氧化碳排放（与非化学替代品相比）[5]。

欧盟2050年愿景旨在使欧盟成为一个接近于碳中和的经济体。这一低碳经济的路线图表明欧盟需要将其温室气体的排放在2050年之前减少到1990年排放水平的80%～95%。实现这一目标的预期里程碑是到2030年减排40%（欧盟2030年能源和气候政策框架），到2040年减排60%。这种政策目标需要转化为真正的技术突破，才能实现向碳中和的过渡。

---

❶ $1EJ=1\times10^{18}J$。

对于化学工业来说,"脱碳"本质上是不可能的,因为化学工业是以碳为基础的工业,需要以碳为原料来制造各种各样的产品,以供应几乎所有下游部门,范围涵盖从橡胶和塑料、建筑、汽车、纸浆和纸张、纺织品到农业等领域。化石原料是化学工业碳的主要来源。欧盟化学工业的7860万吨原料中,73%是矿物油,16%是天然气,1%是煤,10%(800万吨)是可再生原料(生物质)。

未来,对化工产品的需求将进一步增加,因此化工行业对碳基原料的需求也将进一步增加。一旦资源和能源效率潜力得到开发,化学工业的二氧化碳排放量就会增加。

鉴于国际气候保护目标和欧盟的雄心壮志,化学工业需要探索其对实现碳中和经济目标的贡献。目标预期对化工行业来说意味着什么?从技术角度看,必要的转型意味着什么?更重要的是:2050年实现碳中和对化工行业意味着什么?

1.2 研究范围

本书的目的是探索欧洲低碳化学工业的选择。这就要求生产过程向低碳生产过渡,进一步利用能源和资源效率措施,并越来越多地用替代性碳原料取代化石原料,从而减少二氧化碳排放。书中对技术选择及其局限性、技术可行性和经济可行性评估进行了前瞻性的对比评述,进一步提供了一套情景分析方法,说明如何通过结合和部署所分析的技术(包括潜在过渡阶段和桥接技术)来实现既定的减排目标。所考虑的情景和技术的时间范围是到2050年,与欧盟2050年战略的设想时间框架相一致。化学工业不是在一个孤立的框架内运作的。其他部门的贡献,特别是能源部门,对于实现化学工业的减排是必要的。因此,在考虑了与其他过程工业部门的协同作用的情况下,本书提出了相应的要求和必要的框架条件。

化工产品对下游排放的影响不在本书研究范围内，也未进行评估。但是，本书调查了化学工业为运输部门提供合成非化石燃料的可能影响，因为：① 在某些情况下，一种化工产品可同时作为化学原料和运输燃料（如甲醇、SNG）；② 本书中描述的工艺技术可用于合成高质量的合成燃料，例如Power-to-X（PtX）技术。

1.2.1 产品范围

化学工业中的生产途径是复杂的，数百种不同的化学过程被用来制造成千上万的化学品、中间体和聚合物。为了降低复杂性，本书重点关注欧洲9大石化/化工产品的产量，这些产品占化工行业能源需求和二氧化碳排放量的50%以上[6]。更重要的是，这9种产品是目前石化价值链中几乎所有有机化工产品的基本组成部分。

本书量化研究了以下大宗石化/化工产品低碳生产技术的减排潜力：

- 甲醇
- 乙烯和丙烯
- 苯、甲苯、二甲苯（BTX）
- 氨和尿素
- 氯碱

考虑到运输部门所需燃料的生产，产品扩大到以下范围：

- 作为汽油的替代品和（或）添加剂的甲醇
- 作为汽油添加剂的生物乙醇
- 作为drop-in型燃料的合成柴油
- 作为drop-in型喷气燃料的合成煤油

除了以上产品，部分章节还提到了一些在低碳化学工业中表现出色的其他化学产品的合成工艺路线，这些路线在化学工业低碳化进程中的表现值得一提。

1.2.2 重点研究技术

本书调查研究了可能有助于化工行业减排的广泛技术组合。简而言之，在分析中结合了三个方面：① 提高常规生产装置的能源效率；② 原料向替代碳源过渡，即使用来自各种工业点源的二氧化碳、作为可再生原料的生物质和在循环利用过程中重复使用的含碳产品；③ 在化学转化中使用低碳电力（可再生电力和核电）进行能源供应（以及电子作为还原剂）。由于研究假设的时间范围为2017～2050年，从投资决策到开始运营的技术实施通常为10年左右，因此本研究的重点是至少在中试规模上得到验证和证明的技术，即技术成熟度（TRL）在6及以上。低TRL技术，即在基础研究和实验室研究活动中研究的TRL为2～4的技术，因为难以在2050年形成商业生产，因此在本书中不被视为有助于在计划的时间范围内实现真正的减排。尽管如此，TRL为4～5的技术中可能会出现一些技术的单独试点或示范工程，这些将会在报告中被作为方案讨论。关于超低TRL技术的例子有：人工光合作用，生物技术的二氧化碳转化（包括微生物电合成）。

（1）能源效率

这一方案关注可降低欧洲化学工业温室气体排放强度的能效提升潜力。提高效率是对现有工厂进行持续改造以降低特定能源消耗（通常是增量改进）和取代旧工厂新建新工厂，使现有最佳技术在生产过程中得到广泛应用。

（2）以氢气和二氧化碳为基础的生产路线

这些路径需要使用低碳电力来生产氢气，通过氢气与工业生产设备排放的二氧化碳发生反应，生产化学品和燃料。这些路线通常被称为Power-to-Chemicals、Power-to-Gas/Liquids或Power-to-X。本书的研究内容包括：① 直接或通过合成气将二氧化碳转化为甲醇，随后形成甲醇价值链；② 利用形成的合成气通过费托合成制备碳氢化合物。许多工业过程和火力发电厂产生的二氧化碳在这里充当碳源，并通过这些途径重新被引入工业碳循环。对于二氧化碳和氢气合成燃料的过程,将"油井到车轮"的排放量与相应的化石燃料进行比较,以量化减排量。

(3) 生物质和生物质废弃物合成化学品

这一路径包括利用生物质,特别是木质纤维素生物质和废物流,通过生物质的化学(或生物)技术转化或生物质气化,随后按传统合成气化学路线来生产化学品。减排是通过用生物质替代化石原料来实现的,生物质的碳足迹也相应降低。

(4) 电气化的过程

除了已经描述的 Power-to-X 技术外,低碳电力还可以用于电锅炉的蒸汽发电,取代天然气锅炉(Power-to-Heat)。这条路线已经被大型化学品生产商考虑甚至操作。它可以灵活地用作需求侧管理措施,使用低成本的可再生能源间歇供电。由于天然气被替代,这成为一项低碳措施,例如蒸汽再压缩,即在冷凝之前压缩低温低压蒸汽。另外一个例子就是氯气的生产过程,这已经是一个100%以电力为基础的过程。

(5) 产业共生与循环经济

以氢气和二氧化碳为基础的生产路线需要大量的氢气和二氧化碳作为原料。由于合成气路线起着重要的作用,一氧化碳的来源也是重要的考虑因素。因此,本书研究并描述了化学工业与其他加工工业(钢铁、水泥)和电力部门共生的要素。其中,化学工业给来自其他部门的 H_2、CO_2 和 CO 废物流赋予了全新的价值。其他潜在的工业共生机会(如跨工业部门的热集成)尚未考虑在内,因为这些排放的计算大大增加了各部门生产现场的复杂性和相互依赖性。作为循环经济概念的一部分,以聚合物和聚合物废料为原料进行回收的影响也在研究的范围之内。使用这些"二次原料"可以比从头合成的能耗更低,并减少一次原料的使用量,但量化这一部分二氧化碳减排潜力需要对回收路线进行详细的生命周期评价。

（6）其他技术

除上述（2）中概述的技术选择外，目前还开发了一些不需要氢气作为直接反应物的二氧化碳利用途径。主要路线有：以CO_2为构建模块进行共聚；从CO_2合成各种化学品，包括丙烯酸、环碳酸酯、醛等。这些路线将在本书中作简要描述，但不包括在情景分析中，因为相应的产品不在研究范围内。

碳捕集与封存（CCS）是大型生产场所脱碳的一种通用途径。Cefic的路线图"欧洲化学的未来增长"确定合成氨的生产、裂解炉和燃烧过程通常是二氧化碳的潜在来源。然而，根据预期的二氧化碳利用情景，在先进技术部署阶段，化学工业将演变为二氧化碳净进口方，以满足作为原料的二氧化碳需求。二氧化碳的原料化使用被视为优先于其储存途径，从这一点上来说，CCS技术是适得其反的。

捕集和净化二氧化碳是支持本书所述的化学过程的一个先决条件。捕获技术是可用的，并且是一个热点研究领域，包括针对特定转化路线定制的纯化技术，因此本书不详细描述捕集技术。但对于直接从空气捕获二氧化碳，如果由于广泛实施低碳技术使工业二氧化碳源减少，其将是一个在未来可能具有现实意义的技术选择。

1.2.3 本书中的情景假设

在量化CO_2减排潜力方面，已经设定了相关的情景，描述了可能产生的影响。假设没有实施新的技术，也没有进一步提高效率的措施，上述化学品生产过程中二氧化碳排放的现状即构成"一切照旧"情景（BAU）的基础。应该指出的是，在BAU中，"冻结"技术进步和能源效率提高的假设并不符合化学工业中普遍存在的技术水平稳步提高的现实。因此它只是用来量化本书中描述的所有综合技术措施对当今能源强度和二氧化碳排放水平（基线）的影响。

最大情景（Max）描述了理论潜力，即在欧洲化学工业中完全实施所述技术可能减少的二氧化碳的上限，以及到2050年对燃料行业的潜在影响。

在上述的上限与下限之间,还考虑了其他两种情况:

中间方案(Interm)通过逐步进行的效率措施获得持续改进,稳步增加突破性技术部署,不断提高流程效率。方案还进一步假设采取政策措施支持低碳突破性技术,使低碳技术具有足够竞争力以取代化石能源路径。因为中间方案已经包括现有老厂产能的大量替换率,因此与BAU相比,代表了相对较高的目标水平。

雄心方案(Amb)是极具野心的一种情景,只有在所有利益相关者的充分支持下、在最有利的框架条件下、不顾经济约束才可行。它需要依靠技术选择、燃料部门充分支持向碳中和燃料过渡、立即开始研发和试点或示范活动以及在最短时间内毫不拖延地进行商业部署。此外,该情景还假设了充分的政策支持,没有任何经济限制妨碍执行。这一过程中,相当一部分陈旧的、完全折旧的工厂将被提前更换。

1.3 基本假设和数据来源

情景设置需要一些基本假设和数据作为基础,本书内容基于以下假设:

- 假设一次能源组合在2050年达到IEA设想的450ppm情景(如《世界能源展望(2015)》中所述)。低碳能源(核能、可再生能源)将在现在到2050年之间发展并逐渐推广,正如IEA欧洲技术展望(IEA-ETP)(2015)文件中的2℃情景所预见的那样。IEA-ETP与世界能源展望(WEO)使用的模型基本一致。因此,在本书的研究中,ETP 2015的模型数据将被用来确保最大程度的一致性。这包括能源供应和总发电量(按欧洲一次能源分类)、燃料需求和燃料类型分类、电力结构的碳足迹演变以及工业和电力部门的直接二氧化碳排放。必须强调的是,国际能源机构的这些数据集是基于一种设想,不一定反映未来。所提到的2℃情景(2DS)已经包括了雄心方案的减排目标和措施。

- 因为欧洲化学工业将继续提供社会所需的大量产品和材料，因此假设欧盟化学工业（包括本书中重点研究的石化产品）每年的增长率为1%。化学品生产的区域变化、生产向欧洲以外的世界其他区域的转移以及潜在的碳泄漏影响不在本书的研究范围内。
- 欧洲目前的产量数据来自IEA/IHS以及Prodcom[7]、Eurochlor[8]和Fertilizers Europe[9]。
- 本书研究范围包括燃料的生产及其相应的脱碳潜力，化工产品对下游部门二氧化碳减排的影响（"手印"）不在研究范围内。

除了基本假设外，对不同技术和后续影响情景的评估还依赖于大量额外的技术和经济假设以及对技术实施率的假设，这些将在相应的章节中描述。至于关键参数，本书进行了相关敏感性分析以反映假设的影响。为避免复杂性提高，不同的场景将使用同一组关键参数。

1.4 定义

除非另有说明，一个过程的能耗通常被称为比能耗（SEC），它指一个普通工厂生产一种特定产品所需的能量，用GJ/t表示。SEC包括提供热量的净电力和燃料消耗，因此发电或供应多余蒸汽的过程在SEC中进行核算。

总能源需求是指除SEC外，还包括生产过程中所用原料所需的能源以及产品中所含原料的能源含量。

在整个研究过程中，将基于低碳技术的工艺与传统的化石工艺进行了比较。因此，本研究经常提及额外能源需求和额外电力需求这两个术语，即将低碳过程与化石工艺过程在能源和电力需求方面的差异进行比较。

本书所描述的低碳过程中的用电通常指来自可再生能源（或核能）的低碳电力。低碳电力的碳足迹并没有被设定为零，比如风力发电厂的建设以及电力生产和运输都会导致二氧化碳的排放。这些排放数值在研究中是通过使

用适当的生命周期评价值来解释的。在不同情景下，低碳电力需求被量化，并与规划的低碳电力生产能力进行比较。

基于一组统一的假设，本书对过程的碳足迹进行了比较。目标产品合成过程中的排放包括能源相关排放（即热和电）和工艺相关排放（如氨合成过程中产生的二氧化碳）。不同于通常的部门分配（将电力生产过程所需电力供应的碳足迹分配给电力部门），与能源相关的排放完全分配给了化学工业，这包括曾经分配给电力生产过程所需电力供应的碳足迹。因此，除非另有说明，否则通常使用从"摇篮到大门"的碳足迹排放计算。例如，天然气制甲醇包括天然气的生产和供应，水蒸气重整和甲醇合成的工艺链；利用氢气和二氧化碳生产甲醇包括为电解水生产氢气提供电力、电解过程本身、捕集和供应二氧化碳以及随后的甲醇合成。

这里用一种特殊的方法来计算产品中所含的二氧化碳基碳。从生命周期评价的角度来看，ISO/TS 14067—2013[10]将要求对生物碳和化石碳分别进行不同的核算。如果用作碳源的二氧化碳是通过生物系统（生物量增长）或技术系统（空气捕捉）从大气中提取出来的，则在产品生命周期开始时将被视为负排放，并在产品生命周期结束时再次排放，从而实现二氧化碳平衡。来自发电厂或工业过程的二氧化碳代表了以化石能源为基础的二氧化碳，并将在产品生命周期开始时算作排放量。这种常见的生命周期评价方法忽略了本书中假设的二氧化碳循环的概念。从这个意义上说，二氧化碳的利用代表着碳的循环利用，其中循环利用的二氧化碳基碳替代了相应数量的化石碳，否则这些化石碳将被要求作为原料，并将在产品寿命结束时向大气中排放温室气体。因此，在整个研究过程中，产品中的二氧化碳基碳均被视为负排放，而不管二氧化碳的来源（生物或化石）。必须指出的是，只有化石来源的二氧化碳作为电力供应或工业生产中不可避免地出现副产品时，二氧化碳再循环的概念才是有效的。故意产生二氧化碳并仅出于提供二氧化碳作为化工生产的碳原料的动机，不属于回收利用的范畴，相应的二氧化碳肯定要算作排放量。以二氧化碳为基础的甲醇合成为例，1.373t二氧化碳以化学计量的方式存在于产品中，这将被算作负排放。同样的负排放核算方法也被用于产品中的生物质碳。

除运输燃料外，均不考虑产品的使用阶段，因为合成燃料对运输部门的影响已明确列入研究范围。因此，基于"油井到车轮"的原则，运输燃料的碳足迹即包括燃料的燃烧排放。图1总结了本节中描述的各种排放。

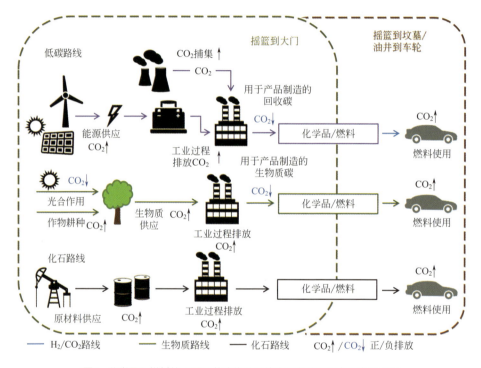

图1 化学品和燃料的不同工艺路线和系统边界在碳足迹中的排放占比
（在化石路线中，能源的供应包括在原料中）

被避免的二氧化碳排放是本书中常用的计算策略，它是指低碳过程的碳足迹与化石过程的碳足迹之差。图1所示的所有在碳足迹中的排放额都包括在低碳和化石过程中。在技术比较中，被避免的二氧化碳排放的单位为tCO_2/t产品。在这些情景中，该数字乘以产量，以计算基于实施低碳工艺替代方案的二氧化碳减排潜力。在考虑运输燃料的情况下，被避免的二氧化碳排放还包括在使用阶段的排放，符合"油井到车轮"的排放计算原则。

02 能效提升潜力

自1990年以来,欧洲化学工业投入了巨大的精力来提高能源效率,以期使生产与能源消耗和温室气体排放脱钩。尽管1990年至2014年间产量增长了78%,但燃料和电力消耗从67.5Mt标准油下降到52.6Mt标准油,下降了22%。在此期间,温室气体排放量下降了59.4%,从324.5Mt降至131.6Mt。这一强势的减排结果是通过转向碳强度较低的燃料和减少工艺排放(例如硝酸厂的N_2O减排)来实现的。

通过提高能效降低目前使用的石化工艺碳强度的进一步措施可能包括:

- 增量改进(现有装置的能效提升)
- 最佳实践技术的应用,比如使用能效最高的工厂进行生产
- 先进热集成
- 使用过程强化设备

2.1 增量改进

增量改进指的是在"正常业务过程"中采取的技术改进。例如更具选择性、活性和/或耐久性的催化剂系统,优化的反应器性能,更高水平的热集成,改进的操作条件等。许多此类改进是对现有装置的改造。在IEA/ICCA/DECHEMA技术路线图中,对化学品制造商进行的调查和其他工业专家的反馈数据表明,特定工艺的增量改进可产生每年0.2%~1%的能源强度改善(即能源强度降低)。

2.2 最佳实践技术的应用

最佳实践技术（BPT）是指在现有工厂或新设施中广泛部署的最佳实践或既定技术。一般的欧洲生产工厂在其生命周期内经历了一系列的改造，并在高能效水平下运行，但比能耗（SEC）通常高于BPT水平。表1列出了与本书研究相关的几个过程的平均比能耗（SEC）。

BPT能效水平通常无法通过改造旧电厂来实现，因此仅与新装置相关。在本书的情景研究中，假设欧洲化学品生产增长率为1%（见1.3节），生产能力的扩展以及必要的旧装置更换将为新低碳技术的应用腾出空间，来满足不同情景下的减排目标。氯气的生产是一个例外，它的生产将继续以传统技术为基础。

表1 采取最佳实践技术的比能耗和平均比能耗

过程	产品	欧洲经合组织	世界平均水平	采取最佳实践技术
石脑油蒸汽裂解	HVC	12.2	13.8	12.0
天然气制甲醇	甲醇	12.5	13.8	9.8
天然气制氨	氨	16.6	17.8	9.0

2.3 先进热集成

据SPIRE估计，工业过程中使用的能源有20%～50%会因热废气、冷却水以及设备和产品的热损失而损失[11]。对于大型石化生产过程，在欧洲已经实现了工厂和现场级的高水平热集成，而对于小型、孤立装置和中型生产过程，则存在更多的不足。进一步优化热集成和热级联可以进一步减少能源的使用。在最近的一项研究中，Ecofys咨询公司指出，热泵、吸热制冷和有机朗肯循环是先进的技术解决方案[12]。此外，在同一个工业区的不同公司间及附近区域供热公司之间协同，进行跨部门热交换也是行之有效的，但这也会增加复杂性，并对供应安全提出额外挑战，或可能导致锁定的情况，阻碍在工厂层面采取进一步的增效措施。在这项研究中，先进的热集成被认为是BPT增量改进和实施的一部分。在热泵方面，本书的研究包括了3.2节中的蒸汽再压缩技术。

2.4 过程强化设备

过程强化设备是指强化混合、传热和传质的设备，包括结构化反应器、先进的热交换器、混合器，以及强化（超重力）或冷态（如膜）分离设备，还有综合混合设备，如反应蒸馏、热交换反应器和膜反应器[13]。尽管欧洲过程强化路线图量化了此类设备的巨大节能潜力，但实际上这一概念的实施和应用十分滞后，部分原因是仍然存在技术问题，比如相对较小的操作窗口（混合设备）和较大的投资要求。

2.5 能效措施的影响

鉴于在过去几十年中已经实施了强有力的能效提升措施，大型石化连续工艺的能效提升潜力相对较低，与许多精细和特种化学品的批量生产工艺相比，这些工艺通常已达到高效率水平，本书使用每年0.56%的改善系数做进一步的效率衡量，这与IEA/ICCA/DECHEMA技术路线图[6]中使用的作为增量改善系数的平均系数相对应。虽然可能被认为是非常保守的估计，但必须指出支持这种方法的两个方面：

 Cefic/Ecofys路线图[12]证实，近年来，大型石化工艺的效率改进步伐停滞不前。过去十年中，欧洲氨厂的能源效率改进非常低。2004年至2011年期间，26个欧洲氨厂每年的能源效率甚至略有下降，平均每个工厂下降0.17%。同样，欧洲蒸汽裂解炉的能源效率也只有很小的提高。因此，SEC

提高0.56%的目标并不太悲观。

> 能够提供更高能效收益的最佳实践技术或过程强化技术通常会保留给新的生产工厂，因此需要大量投资。在投资决策的过程中，这将有利于基于低碳技术的工厂与使用传统化石原料的新工厂进行投资竞争。在新的生产能力需求下，部署最佳低碳技术也成为必须考量的环节。换言之，新的化石能源发电厂产能很可能会在几十年内为突破性的低碳技术创造一个锁定局面。

表2显示了不同情景下效率措施的影响。上文所定义的效率改进主要考虑现有工厂，而不是新工厂的产能。因此，这种效率的提高只会发生在传统工艺上，而且随着低碳技术的实施，这种提高的潜力会降低。因此，与大多数其他低碳技术方案的影响不同，能效提升所带来的影响在不太具有雄心的情景中会更明显。

表2 不同情景下效率措施的二氧化碳减排量

情景	通过效率措施带来的CO_2减排潜力/Mt							
	2015	2020	2025	2030	2035	2040	2045	2050
中间方案	0	2.1	4.2	6.2	8.1	9.5	10.8	11.9
雄心方案	0	2.1	4.1	5.9	7.4	8.9	9.8	8.5
最大情景	0	2.0	3.9	5.2	5.2	4.5	3.5	2.5

03 低碳电力的直接应用

本章讲述了用电直接发热或将废热源升级为可用温度供给（即电-热转换）以及用电生产氯碱的过程。用电间接制氢以及副产物CO_2的再利用（电力多元化转换过程）将在第4章中介绍。

3.1 用电制蒸汽（TRL 7）

化工生产过程中使用的大部分能源是热能，即各种温度和压力的蒸汽。在化工生产中，用于生产蒸汽的燃料占燃料总用量的60%[14]。2014年，欧洲化工行业消耗总热能319 PJ❶[15]。

传统化学工业通过天然气锅炉产生蒸汽。然而电的使用在电力-热能转换的应用中或是在天然气和电加热混合锅炉的转换中具有很大优势。由于电力加热较迅速，因此可以对再生电力的间歇性供应进行灵活定价。如此一来，化工行业便有助于加强电力部门的需求侧管理和增强电力部门的灵活性。另外，低电价也有利于化工行业的发展。这是化学工业和电力部门之间形成行业共生关系的一个因素。

传统的电加热系统功率不足或电价昂贵时，会导致限电并伴随高温[14]，

---

❶ $1PJ=1\times10^{15}J$。

但这种效应与生产工艺关联不大,在本研究中不展开讨论。

天然气燃烧(假设效率为100%)产热的CO_2排放量为55.9kg/GJ[16]。上述提到的319PJ相当于17.8Mt的二氧化碳排放量。以电力为基础的蒸汽生产所造成的排放很大程度上取决于混合电力,如图2所示。

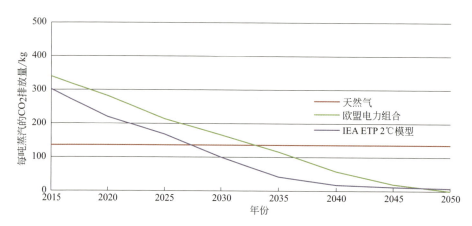

图2　用电制蒸汽(欧盟电力组合和IEA ETP 2℃模型)与天然气制蒸汽的排放概况

只要电力部门采用相对先进的脱碳技术,即可通过电网发电实现碳减排。根据国际能源署(IEA)在《能源技术展望》中所提到的将全球温度上升控制在2℃以内(即ETP 2℃模型)的目标,碳排放将会在2030年至2035年之间达到峰值。只有采用低碳电力才能促成该目标的实现,例如直接使用风力发电厂的电力。根据后期的目标任务,结合IEA在《能源技术展望》中提出的2050年ETP 2℃模型的电力足迹要求,供电所产生的CO_2排放量为0.011t/MWh。

此外,在计算未来热能需求及通过电力生产蒸汽以减少温室气体排放时,须考虑不同的能效:

- 本书的研究假定化工产值增长1%,这意味着对热量的需求也相应增长。考虑到这一增速,再加上化学工业所需求能源大概占60%,到2050年,热量需求可能会上升至393PJ。
- 在本书各种减排路径的研究中,低碳技术的实施将影响石化生产过程中过剩蒸汽的循环利用效率：石脑油蒸汽裂解过程中，每生产1t成品将产生蒸汽1.5GJ、天然气制甲醇则产生蒸汽2GJ/t，天然气制氨则产生蒸汽4.3GJ/t[17]。

基于电力的低碳生产过程，燃料燃烧产生的多余蒸汽是不可用的，而这相当于35～128PJ的额外热量需求。

基于以上因素，热量需求和二氧化碳减排潜力按照以下三种情况进行计算。表3总结了不同情景下的热量需求，并根据IEA所提的2050年全球升温不超过2℃的目标对电力碳足迹和电力需求进行预测，计算出二氧化碳的潜在排放减少量。

由于提高产量和控制多余蒸汽，额外的热量需求将使预计的碳排放量略微降低。低碳工艺的标准越高，影响会越显著。

表3 不同情景下对未来年度蒸汽需求的预测

项目		2015	2020	2025	2030	2035	2040	2045	2050
热量需求	核算的产能增加量/PJ		319	329	339	349	360	370	382	393
	所需蒸汽总量/PJ	中间方案	319	329	339	351	364	381	402	425
		雄心方案	319	329	340	352	366	382	403	436
		最大情景	319	330	342	359	386	422	463	507
二氧化碳的潜在减排量/Mt	天然气工艺①		17.8	18.4	18.9	19.5	20.1	20.7	21.3	22.0
	电气化率/%		0	2	5	15	30	50	70	100
	中间方案		0	0.3	0.9	2.7	5.6	9.7	13.9	20.5
	雄心方案		0	0.3	0.9	2.7	5.6	9.7	13.9	20.5
	最大情景		0	0.3	0.9	2.7	5.6	9.6	13.8	20.2
用电需求/TWh	中间方案		0	2.0	5.2	16.2	33.3	57.2	82.5	121.4
	雄心方案		0	2.0	5.2	16.2	33.7	58.8	86.8	131.2
	最大情景		0	2.0	5.2	16.3	33.9	59.0	87.1	134.7

① 作为衡量基准，未统计低碳技术的实施。

3.2 基于蒸汽再压缩的先进热能管理技术

大多数化工过程需要中低温蒸汽。根据 Euroheat and Power 工业用热需求调查[18]（2006），欧洲化学工业的中低温热需求（100～400℃）至少占总热需求的一半。荷兰 VoltaChem 共享创新计划（VoltaChem Shared Innovation Program）发布的一份关于化学工业电气化的白皮书估计，化学工业中用于加热的最终能源约有35%用于满足200℃以下的加热需求，这可以通过热泵和机械蒸汽再压缩提升残余蒸汽来实现。白皮书估计，通过应用这些技术，潜在的能源节约率为50%，而热能需求的能源节约率为15%～20%。

蒸汽中的热能主要体现为显热，与温差相关，且受水的气、液态相变潜热影响。大部分潜热通常储存于蒸汽中。发生凝结时，潜热将被释放。但是，如果凝结时所处的温度远低于有效的工艺温度，它的热能便会消失。蒸汽再压缩通过在冷凝之前压缩低温低压的蒸汽，避免了不利的冷凝现象，从而避免了重新蒸发水的能量损失。避免这些特定的冷凝损失，可以显著提高蒸汽集成系统的效率，从而提高生产车间和工艺流程的整体效率。然而，蒸汽再压缩是一个资本密集型项目，目前仅适合蒸汽消耗量在25t/h以上的大型综合厂区使用。蒸汽再压缩目前在综合化工厂区进行示范性评估。Dow Benelux公司已经完成了机械蒸汽再压缩的经济可行性研究，即蒸汽通过电力进行更高效的利用[19]，目前正在试验这项技术。

实际上，蒸汽再压缩作为一种高效的热泵，其性能系数为5～10，且与温差成反比。如果蒸汽再压缩可以提供总热能（目前为319PJ）10%的热量，那么其产热将达32PJ。假设性能系数为5～10，那么实际压缩需要6.4PJ（1777GWh）或3.2PJ（889 GWh）电能。

以目前发电的CO_2排放水平（0.387t/MWh）计算，这分别相当于690kt和344kt的二氧化碳排放，而天然气燃烧产生等量热量所产生的二氧化碳排放量为1.780kt。即使按照欧盟当前的电力结构，在全面实施后，燃

料中 CO_2 的减排量将分别达到 1.090kt 或 1.436kt，约占目前化工企业平均 CO_2 排放量（132Mt）的 1%。随着电力部门的脱碳，这一数字预计将增加到约 2.2Mt。表 4 总结了 IEA 在 ETP 2℃模型的目标背景下，三种情景的蒸汽再压缩对二氧化碳减排的潜在影响。

表4　蒸汽再压缩对二氧化碳减排的潜在影响

项目	2015	2020	2025	2030	2035	2040	2045	2050
执行率/%	0	2	5	15	30	50	70	100
中间方案的 CO_2 潜在减排量/Mt	0	0.03	0.08	0.27	0.59	1.02	1.48	2.19
雄心方案的 CO_2 潜在减排量/Mt	0	0.03	0.08	0.27	0.59	1.02	1.48	2.18
最大情景的 CO_2 潜在减排量/Mt	0	0.03	0.08	0.27	0.59	1.02	1.48	2.18

在各种情景中，可以预见以电力生产蒸汽和余热的升级改造将全面执行，因为这些技术能够较容易地引导化学工业步入电气化。

对于蒸汽再压缩，按照 2015 年天然气价格[8.18 欧元/GJ（IEA）]来计算，每年能够节省燃料费用 1.9 亿～2.25 亿欧元（电价为 40 欧元/MWh），这使该技术具备一定经济性。

3.3　氯碱生产（TRL 9）

氯碱生产可以看作基于电力生产过程的一种特殊情况，其碳足迹很大程度上取决于所使用的电力组合的碳足迹。从这个意义上说，氯碱生产过程的低碳程度取决于供电环节的脱碳程度。

3.3.1　氯碱生产工艺流程

工业氯碱通过电解饱和的氯化钠溶液制成，称为氯碱法。除氯气外，还生成氢气、烧碱等。氯碱生产工艺主要有三种：离子膜法、水银电解法和隔膜电解法。图3简要描述了基本工艺流程。

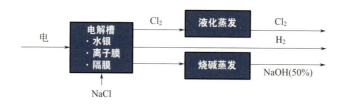

图3　氯碱生产基本工艺流程

在离子膜法生产过程中，正极和负极被离子交换膜隔开，只有钠离子和少量液体通过。在水银电解法生产过程中，钠与汞形成钠汞齐（两种金属的混合物）作为阴极，钠汞齐与水在一个单独的反应器（分解器）中反应，产生氢气和50%浓度的烧碱溶液。水银电解法生产过程会释放少量的汞。在隔膜电解过程中，阳极室与阴极室由可渗透隔膜隔开，盐水加入阳极室，并通过隔膜进入阴极室。这三种技术都可以用来制氢和烧碱，烧碱浓度在不同工艺中有差异（隔膜电解法中为11%，离子膜法中为32%）。若采用隔膜电解或离子膜技术，需使用蒸汽提高烧碱浓度，以满足市场需求（50%）。欧洲的水银电解生产厂将于2017年底退出市场。现有的装置要么淘汰，要么改造成离子膜工艺。

2009年增加离子膜装置的国家主要有西班牙（年产3万吨）和德国（年产43万吨）。自1984年以来，没有新建水银电解工厂，只有少数隔膜电解的工厂。就现有的氯碱厂而言，须考虑以下措施：

- 将水银电解技术改造为离子膜技术：用电量可减少23%左右。然而，需要额外的蒸汽将烧碱浓缩到50%，因为使用离子膜法生产得到的烧碱浓度（32%）低于水银电解法。实行离子膜法改造基于自愿，预计到2017年底，欧洲将100%完成技术改造。

- 将单极离子膜法转化为双极离子膜技术：这仅适用于离子膜工艺。交换膜通过最大限度地减少膜间电压损耗来节省能源。目前，离子膜法中的单极膜技术所占份额约为10%。这意味着在氯碱产能中，该技术在总氯碱产能的应用最多占5%。

- 将离子膜技术改造为氧阴极电解（ODC）技术：ODC可以用于离子膜工艺制氢氧化物，通过在该过程中减少氧气通入量来取代将水向氢和氢氧化物转化。这将降低约1V的膜间电压，可节能约30%。ODC技术实际节约的能源较少，因为需要生产高纯度的氧气，且不再共同生产氢气，而氢气是第4章所述的低碳技术的关键组成部分；拜耳公司与Uhdenora/Uhde公司共同研发的ODC离子膜装置于2011年夏季投产，年产氯气2万吨。氯碱生产过程中会产生大量的氢气。氢气既可以用作下游工艺的化学原料，也可以用于燃烧以满足工厂的额外热量需求，例如用于将烧碱产品的浓度提高到市场规格（50%）的过程。

3.3.2 单位产量能源需求

具体的能源需求取决于工艺技术。它包括以下几个方面：

- 电解反应中的电力需求；
- 辅助过程的额外电力需求；
- 使电解液浓度满足烧碱市场规格的热量需求。

表5为不同氯碱生产工艺的能耗。电解槽总能耗等于各电化学单元总能耗，即共同生产氯气、烧碱和氢气。燃烧氢气可以用来满足工艺过程中的额外热量需求。过剩的氢气也可以通过燃料电池转化为电能。

表5 欧盟和欧洲自由贸易联盟（EFTA）氯碱生产的能耗（中值）[20]

工艺	能耗/（kWh/t Cl_2）		产品能耗/（GJ/t Cl_2）
	电解槽	其他电力装置	
水银电解法	3400	200	0
隔膜电解法	2800	200	2.8
离子膜法	2600	200	0.7
离子膜法/ODC	1800	200	0.7

随着氯碱生产技术的发展，到2050年，生产1t氯气将耗电2400kWh，而生产烧碱的能源需求预计将保持不变[21]。

3.3.3 生产单位氯碱的二氧化碳减排量

任何氯碱工艺都不产生二氧化碳排放。二氧化碳排放总量取决于每单位电力的二氧化碳排放量。欧盟发电的二氧化碳排放强度（2013年）为558g/kWh$_{el}$[22]。假设氯碱厂都用电作基础能源，那么生产1t氯气排放的二氧化碳量见表6。

表6　基于558g/kWh$_{el}$的氯碱生产二氧化碳排放量

工艺	电力消耗/（kWh/t Cl$_2$）	对应的二氧化碳排放量/（t/t Cl$_2$）
水银电解法	3600	2.0
隔膜电解法	3800	2.1
离子膜法	3050	1.7
离子膜法/ODC	2250	1.3

由于氯碱制备中的二氧化碳排放完全来源于发电过程中产生的二氧化碳，预计随着低碳电力的推广，二氧化碳排放将逐步减少。除了降低工艺过程的电力需求和降低发电过程的二氧化碳排放强度外，额外的减排只能通过向氯碱厂提供专用低碳电力来实现。表7列举了欧洲氯碱生产的预计排放量。其中发电的碳足迹算法遵循IEA所提的ETP 2℃模型。

表7　电力脱碳情景下的氯碱产量和CO$_2$排放量（IEA ETP 2℃模型）

项目	2015	2020	2025	2030	2035	2040	2045	2050
氯碱产量[23]/Mt	9.58	10.07	10.58	11.12	11.69	12.28	12.91	13.57
CO$_2$排放量/Mt	11.4	10.0	8.1	5.02	2.19	1.04	0.72	0.55

一方面，在耗电量和二氧化碳排放方面，ODC明显低于其他技术；另一方面，ODC工艺不排放氢气。在化学计量关系上，离子膜工艺中，每生产

1t氯气释放28.4kg氢气。考虑到第4章中描述的氢能技术以及未来对氢气的巨大需求，氯碱生产中得到的氢气将比现在更具价值。综上所述，本书没有对现有ODC产能的延伸做进一步分析。

3.3.4　氯碱工艺的经济性

氯碱生产属于资本密集型过程，是生产其价值链上一系列产品（氯气、氢气、烧碱）的原始环节。电力在氯碱生产中是一种原材料，而非生产成本，约50%的电耗用于生产氯气和烧碱。表8列举了不同的研究和报告所预估的投资费用。正如引言中所述，低碳氯碱生产取决于电力脱碳的程度，无需化学工业采取任何措施及进行额外投资。

表8　氯碱厂投资成本

工艺流程	投资成本/（欧元/t Cl_2）
水银电解法	500
隔膜电解法	540[24]
离子膜法	500[25] （1100~1500）[26]
水银电解法转型为离子膜法	360~560[27]
离子膜法/ODC	660
离子膜法/ODC（改造）	100

04
以氢气和二氧化碳为基础原料的生产路线

化学工业以转化过程为基础，其中碳和氢是必不可少的元素。以合成气为原料的化学工业，由H_2、CO和CO_2混合物展开诸多化学反应，可以构建起所有主要化学品的生产链。常规气化工艺过程是将化石碳原料转化为合成气，相应的CO_2排放量大；与之相对的是采用低碳电力生产的氢气作为原料的替代途径。在本书的9个目标产品中，氨可以直接由氢气和氮气合成，而其他（有机）石化产品（如甲醇、乙烯、丙烯和BTX）与合成燃料需要提供碳源。CO_2作为原料，可以从富集或稀释点的末端废气（比如以化石燃料为主的发电厂、石灰厂、水泥厂、钢铁厂及化工厂排放的烟气）中收集。实际上，这些途径为化学工业降低对化石燃料的依赖、减少工业CO_2排放、CO_2的限排及循环使用提供了机会。在4.10节中介绍了CO_2的长期供应情况。

在将CO_2转化为上述目标产物的过程中，氢气是一个关键的具备高能量的反应原料，该能量对于激活和转化动力学上低活性和热力学上稳定的二氧化碳分子是必需的。因此，要实现化学工业的低碳化，就需要将氢气的生产从传统的甲烷蒸汽重整制氢转变为低二氧化碳排放的新技术，因此本章将介绍多条可行的低碳制氢技术路线。不含氢气的其他CO_2转化工艺在第5章中进行了简单描述，在此不做介绍。这些转换包括使用替代性的高能反应物（例如环氧化物和不饱和化合物）进行转换，或将CO_2转换为比CO_2内能更低的目标分子，例如有机碳酸盐和聚合物。

4.1 氢气的低碳生产

低碳制氢有多种途径，其中水是最常用的原料，其具体反应路径取决于技术配置，但净反应可总结为：

水分解反应：$2 H_2O \longrightarrow 2 H_2 + O_2 \qquad \Delta H^0 = 571.8 \text{ kJ/mol}$

高焓变 ΔH^0 意味着水分解需要高能量，这使得制氢成为以H_2和CO_2为原料合成化学品过程中最耗能的一步。

4.1.1 电解制氢

水可以电解为氢气和氧气，该原理已长期用于工业制氢。该方法生产氢气所排放的二氧化碳基本来源于对应的发电过程。因此，除非所用的电力来源为低碳发电，且没有由化石燃料发电进行补偿，否则这些生产氢气的过程都会有CO_2排放。随着发电过程的逐步脱碳，电解技术会将低碳制氢引入化工领域。

电解过程与燃料电池过程相同，只是与电化学反应方向相反。因此，所有以下的电解过程原则上可以在燃料电池模式下反向进行。然而不同电解制氢技术间的技术要求差异显著。电解制氢主要有以下三种技术路线。

4.1.1.1 碱液电解技术（TRL 7~9）

碱液电解制氢是电解水制氢工业上最先进的工艺。该工艺以20%~40%的KOH溶液而非纯水作为电解液，并以Ni催化剂涂覆电极。在两个半电池间设置隔膜，防止气体混合。碱液电解一般在常压或低于3MPa的压力下进行。高效的碱液电解氢工厂每生产$1m^3$ H_2耗电4.3kWh，相应的反应转化率约为70%。全球大约4%的氢气产量基于此工艺，商业化规模的碱液电解制氢系统投资成本为1000～1200欧元/kW[28]，单个电解槽的最大功率为5.3MW。

随着技术的进步，预计到2050年，电解效率将会提高几个百分点，但大幅降低碱液电解制氢工厂的投资成本将持续成为发展的重点。在一定电压下开发新电极材料，做到降低过电势和增加电流密度，将有助于整体提高电解效率。应对非常规条件下的安全操作需具备相应的经验，例如：大规模电解装置中电源的波动和间歇组合的情况，特别是在安全性、操作以及材料和组件的长期稳定方面。即便将碱液电解工艺视为一种"成熟"技术，目前产能仍然很低，未来期望通过改进供应链和增加产能来适当降低成本。到2030年，碱性电解系统成本预计可降低至约600欧元/kW。更乐观的估计是，碱液电解系统成本降低为接近370欧元/kW。本研究认为到2050年达到370欧元/kW更现实些。

4.1.1.2 质子交换膜电解（TRL 7~8）

近20年中，质子交换膜（PEM）电解技术已经得到了发展。与碱液电解不同，该技术在纯水中进行，无需处理和循环KOH溶液。PEM电解槽非常紧凑，可设计承受高达10MPa的压力。PEM电解还显示出非常好的动态特性，例如可以及时调整应对风电的功率曲线。同样，该技术的主要缺点是投资成本高，受制于催化剂材料（如铂和铱）的高成本。目前，第一批装置已经成功运行了多年，但还未在操作条件下完成全生命周期测试。该项技术是奥迪E-Gas项目的核心，PEM电解槽的电力由风电提供，生产的氢气与从沼气中分离出的二氧化碳反应生成甲烷，并入天然气管[29]。

对于PEM电解技术来说，伴随着生产经验的增加与可替代的低成本催化剂的研发，投资成本预计将大幅降低。当前的 PEM 电解槽装机功率可达 6MW，后续的技术进步将大大提高其性能，从而将装置规模提高至少一个数量级。

目前，PEM 电解系统投资成本约为碱液电解技术的两倍。根据 2019 年的一份研究报告估计，到 2020 年成本约为 1000 欧元/kW，一些制造商预测成本将接近 700 欧元/kW。到 2030 年以后，其成本可进一步降低至 500 欧元/kW。

4.1.1.3　高温固体氧化物电解（TRL 6 ~ 7）

电解水过程的电量需求可通过在高温状态下操作减少。在约 700 ~ 1000℃ 的高温条件下，电解水的电量需求可降低到 2.6 kWh/m^3，该温度范围需要采用不同的材料，而且电池隔膜是能够传导氧离子的陶瓷材料。对于有大量余热资源的工业过程，该技术具有较强的优势。总部位于德国的 Sunfire 公司已将高温固体氧化物电解（SOE）制氢与费托（F-T）反应器作为热源成功耦合，并将产出的氢气与 CO_2 转化为汽车燃料[30]。

高温固体氧化物电解技术为高温热源的应用提供了新途径。未来的高温固体氧化物电解将需要专家团队运营和维护，其应用也更有可能贴近现有工业项目。到 2030 年，随着材料和系统集成领域的进一步完善，其技术成熟等级（TRL）将有望提升到 9 级。相关文献表明，高温固体氧化物电解技术可能会在 2015 年至 2020 年间投入生产，成本约为 2000 欧元/kW。在 2020 年至 2030 年之间，其成本将接近 1000 欧元/kW，且长远来看可能低至 300 欧元/kW。

4.1.1.4　水电解技术性能和系统投资成本

表 9 对不同电解技术和与其对应的经济因素进行了比较，并对未来进行预测。成熟的甲烷蒸汽重整（SMR）制氢作为对比基准也在表中列出。

表9 各类水电解技术现状及未来性能与成本对比

项目	参数		碱液电解法	PEM电解法	固体氧化物电解法
现在	投资成本/(欧元/kW)		1000~1200[28] 800~1500[31] 650~1200[32]	1860~2320[28,32] 2000~6000[31]	>2000[28]
	操作成本		投资成本的2%~5%[28]	投资成本的2%~5%[28]	投资成本的2%~5%[28]
	系统规模	m³ H₂/h kW	0.25~760[28] 1.8~5.300[28]	0.01~240[28] 0.2~1.150[28]	40[33] 100[33]
	效率/(kWh/kg H₂)		50~73[28]	47~73[28]	37[33]
2030年和远期	投资成本/(欧元/kW)		600[28] 800[34] 370~800[32]	500[28] 700[34] 250~1270[32]	300~1000[28] 625[32]
	制氢成本/(欧元/kg H₂)		4.5（500m³/h,98%利用率,0.075欧元/kWh）[35]	3.17（250 m³/h,98%利用率,0.05欧元/kWh）[35]	
			2欧元/kg H₂（远期）[35]		
	系统规模		500 MW	兆瓦级电池堆	兆瓦级电池堆（长期）
	效率/(kWh/kg H₂)		48~63[28]	44~53[28]	37
甲烷蒸汽重整法	投资成本/(欧元/kW)		520~780[36]		
	系统规模/MW		150~300[36]		
	效率/kW		70%~85%（LHV）[35]		
	制氢成本/欧元		见4.1.1.5节图5		

随着技术创新和对装置经济规模的深入研究，成本将有望降低。然而，与其他技术相比，电解装置的规模经济效益受到限制，因为电解是一种表面反应过程，系统规模与电解槽面积几乎呈线性关系。这意味着系统规模的增大很大程度上依赖于电池组数量的增加。Smolinka等[35]指出，较大规模的系统可在配套设施（例如逆变器、气体干燥、系统控制）方面体现一些成本优势，但当规模提高到500kW后，对成本的影响将趋于平缓。电能的增加会在一定程度上提高电解槽效率，但其影响有限，理论上的最低电耗为39.4kWh/kg H_2（氢气的高位热值）。对于固体氧化物电解技术，如果使用合适的热源将水汽化为蒸汽，则电耗可进一步降低。

4.1.1.5 制氢成本

制氢成本取决于两个主要因素：① 电力成本；② 电解槽的利用率（运行时间，特别是在使用可再生电力且供应有波动的情况下）。Smolinka等[35]研究了制氢成本与利用率和其他因素之间的关系，发现在不同情况下，制氢成本波动范围为3～9欧元/kg H_2。在低利用率下，对应的投资成本将高出65%，甚至更高。其中制氢成本的1/5与利用率相关，由此体现了连续运行的必要性。

制氢成本与电解设备运行时间的关系如图4所示。碱液电解和PEM电解的计算参考了"IEA技术路线氢气和燃料电池"[37]，详细信息见附录1。运行时间短会显著增加制氢成本。此外，效率、规模和投资成本也对成本有一定程度的影响。

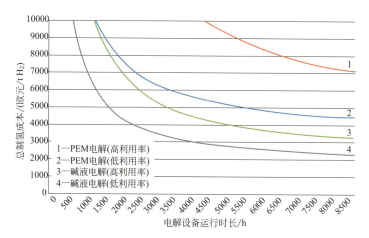

图4　PEM电解制氢和碱液电解制氢成本敏感性与电解设备运行时间的关系（假定电价为40欧元/MWh）[32]

图5显示了在相同电价的不同工况下，甲烷蒸汽重整制氢与PEM制氢和碱液电解制氢的成本对比。碱液电解制氢成本大约是甲烷蒸汽重整制氢成本的2倍，PEM制氢成本甚至更高，因此降低制氢成本是未来创新的绝对重点。廉价电力（例如在可再生电力供应过剩时）的择机利用将会导致装置利用率大幅降低，从而对经济效益产生不利影响。因此在低利用率情况下的高投资制氢技术不具备优势。

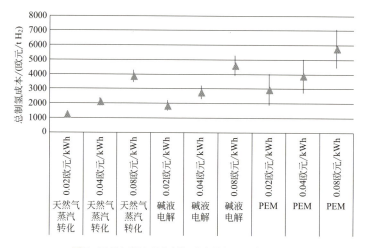

图5　天然气蒸汽转化制氢（水蒸气制氢）和电解
（碱液电解和PEM）制氢成本比较

4.1.1.6 化工生产的电解装置及未来规模

以下通过简单计算展示化工生产装置与电解装置的规模如何匹配。

典型的甲醇装置（Mega甲醇工艺和Giga甲醇工艺）规模为3000～10000t/d，每吨甲醇的化学计量需氢量为189kg，因此电解制氢装置需每天提供560～1900 t氢气（6.6×10^6～$2.2\times10^7 m^3/d$），相应电解装置的电力需求为28～95GWh，对应的装机功率将为1.3～4.3GWh，并需要每年连续运行8000h，相当于1～4个大功率发电单元。为实现低碳生产，供应的电力需来自低碳发电方式，例如可再生能源发电。电解厂的占地面积至少$7\times10^5 m^2$[38]。

基于电解水制氢方式的化工厂，采取小规模、分散式布置比采用世界级大型装置更可行。前面已经提到，电解装置仅可从规模效应中得到一定程度的增益，而随着化工装置相对投资的持续增加，规模的经济性反而降低。最佳规模随着当地的基础设施、低碳电力的可获得性、CO_2来源及与附近其他项目结合程度等因素而不同。

4.1.1.7 低碳电力制氢的碳排放

来自低碳电力生产的氢气不是碳中和，即使是采用可再生能源发电，也需要分配碳排放量。例如，风力发电的碳排放还需包括风力发电设备的生产（所使用的钢铁和水泥的生产）、风力发电的运营和电力的运输等环节。Ecoinvent数据[39]显示，包括基础设施在内的风力发电装置碳排放为11.2g CO_2/kWh。若以4.3kWh/m^3的功率生产1t氢气，需要50.4MWh电力，相当于排放0.56t CO_2。该数据也是本研究中使用低碳电力制每吨氢气的碳排放值。未对水电解制氢的副产物（氧气）分配碳排放量，因此本书的研究中也未考虑该氧气的利用和相应价值。

值得注意的是，其他研究者对低碳电力制氢的全周期分析计算中，还考虑了电解设施的建设和运行过程中的碳排放（0.043kg CO_2/kg H_2）及氢气压缩机和储罐的碳排放（0.17kg CO_2/kg H_2）[40]。出于简化考虑，这些相对小的影响因素没有在本书中体现,在常规化石原料工艺过程中也进行必要的类似处理,否则会增加分析的复杂性。表10汇总了相关数据。

表10 电解制氢碳排放情况

项目	数值	备注
效率/(kWh/m³ H₂)	4.3	
需电量/(MWh/t H₂)	50.4	
碳排放(CF)量/[t CO₂/t H₂]	0.56	以 11.2 g CO_2/kWh作为所需电量CF值的研究基准
	0.213	设备建设和运行的CF值不包含在其中

4.1.2 其他低碳制氢生产工艺

除了电解工艺以外,下面介绍其他几种制氢工艺。

4.1.2.1 甲烷热解(TRL 4~5)

甲烷热解是低碳制氢的新兴工艺。甲烷或其他低碳烃在高温下分解成氢气和固体碳。反应原理如下:

$$CH_4 \longrightarrow 2\,H_2 + C \quad \Delta H_R^0 = 37.4 \text{ kJ/mol } H_2$$

该分解反应焓变明显低于水分解过程焓变,可大幅降低制氢的能耗。与电解水制氢一样,通过电能提供能量,反应过程中不会直接排放CO_2。甲烷原料可来自化石原料,也可来自沼气、垃圾填埋气或合成甲烷。碳产品的类型取决于其不同的应用技术,可用于轮胎制造、冶金等方面,也可储存。碳的使用也为制氢带来了商业利益,可替代化工行业使用的其他化石原料。根据当前的发电方式,在工业过程中,如果碳的利用及热集成得以成功开发,制氢和碳的碳排放值可降低约50%。如果仅将间接排放量分配给氢气和碳,将会实现更高的减排量。不同的技术方法正处于跟踪、研发和商业前期阶段,例如巴斯夫、林德和蒂森克虏伯[41]的热分解技术,美国Monolith公司[42]

的等离子体热解技术。其他技术还包括热催化分解（Muradov）和液态金属工艺（KIT，IASS）等。由于甲烷热解技术仅部分处于应用前期阶段，因此在本书的研究中并未考虑。

4.1.2.2 热化学工艺（TRL 4）

水分解也可以通过高温热解实现，直接分解所需的温度超过2000℃，而通过催化热化学循环可降低反应温度。只要能够满足工艺温度下的氧化还原性和稳定性要求，许多材料都可以用作该反应的催化剂。CO_2的分解也存在热化学过程，可将这些过程组合后用于生产合成气。与电解制氢相比，该工艺的可持续性和对碳中和的贡献取决于热量的来源，太阳能和工业废热是热源首选。

当前的热化学工艺通过太阳能供热。但已被充分证明，该工艺同样可利用高温工业余热供热，只是需进一步开发新型反应器。新的催化热化学循环有望降低温度要求。反应器的效率和耐久性也有待提高。对于太阳能热化学系统，需要降低聚光镜系统的成本，示范规模的制氢装置将可能在2050年成形。

4.1.2.3 光催化工艺（TRL 2~3）

光催化工艺是利用太阳能分解催化剂表面上的水，目前已经开展了大量的基础研究。现有材料的水解效率并不高，而且仅太阳光谱中的紫外线部分有较好的分解效果。目前应用最广泛的光催化剂之一是二氧化钛，但其也存在一些缺点，比如溶液中需要添加牺牲剂。围绕这一话题有许多讨论[43]，但该技术还没到试验阶段，因此在本书的研究中不做考虑。

4.1.2.4 其他工业过程的氢气

化工和石化行业中的一些工艺会生产不同纯度的氢气作为副产品。根据现场的工艺安排，这部分氢气可能会进入其他装置，被收集出售或直接放火炬。在3.3节中已经提到了氯碱的生产。炼厂在制氢的同时也在用氢，对原料脱硫和提高油品品质。在其他行业（如钢铁行业）中，产生的大量富氢尾气通常作为燃料提供热量，这些工业过程间有潜力紧密合作，实现更高效的资源利用。

大部分氢气是在同一工业地点被"捕集"后进行使用。本书假定全球氢气产量的90%在生产现场被捕集使用，只有少部分被销售和输送至界区外。该方面相关的细节将在第7章中进行讨论。

4.2 氢气合成氨

合成氨是仅次于硫酸的全球第二大产量的化工品。目前欧洲的氨产量为1700万吨/年[44]。

氨的生产与食品产量和世界人口密切相关，因此需求量也将相应增加。目前，全球超过80%的合成氨用于肥料，主要是尿素和铵盐；5%用于硝酸生产；另一个重要产品是丙烯腈。此外，氨还是许多药品和清洁产品的基础原料。

4.2.1 传统氨生产工艺（TRL 9）

迄今为止，氨基本由大型合成氨厂（最高产量3.3t/d）生产，采用Haber-Bosch工艺法，以氢气和氮气为原料，采用铁基催化剂，压力15～35MPa，温度450～550℃。

氨合成反应　　$N_2 + 3H_2 \longrightarrow 2NH_3$　　$\Delta H^0 = -46.22 \text{ kJ/mol}$

欧洲主要采用天然气作为原料生产NH_3，理论上每生产1t NH_3将副产0.97t CO_2。实际上欧洲的氨工厂平均的CO_2排放量为1.33t/t NH_3[45]。只要氢气是由甲烷蒸汽转化生产（或通过其他化石原料生产），相关联的CO_2排放就不可避免，这其中很大一部分二氧化碳随后被用于生产尿素。

生产过程简单描述为以下几步：原料气脱硫后与工艺蒸汽在一级转化器中混合，约60%的天然气原料在高吸热反应中转化为合成气，一级转化器的燃料使用量（包括用于产生蒸汽）在7.2至9.0GJ/t NH_3之间。在二级转化器中完成原料转化，部分合成气与空气发生内部反应，同时提供氮气来源。二级转化器排出的尾气中含有12%～15%的CO，再与水蒸气变换生成CO_2和H_2。脱除酸性气后,氢气和氮气在15～35MPa的压力和350～550℃的温度下,在铁基催化剂上完成合成氨反应。包括所需的氧气在内,整个化学反应如下:

$$CH_4 + 0.3035\ O_2 + 1.131\ N_2 + 1.393\ H_2O \longrightarrow CO_2 + 2.262\ NH_3$$

整个氨合成工艺是高度的热集成,可净输出蒸汽4.3GJ/t NH_3[46],CO_2排放量是1.83t CO_2/t NH_3,此排放量中已包含与原料相关联的1.33t/t NH_3的CO_2排放量。

4.2.2 低碳方式的氨生产(TRL 7)

原则上,由于氨本身并不含碳,低碳氨合成的限制在于可替代的低碳产氢。这类氢气可来自水电解。图6为该工艺流程图,与常规工艺相比,一级转化、二级转化、CO变换、酸性气脱除(CO_2捕捉)过程可省去。另一方面,由于省去了二级转化单元,不再需要氧气,所需氮气需新建空分单元。水电解制氢还需要考虑氢的提纯步骤,虽然电解装置供应商表明氢气纯度可达到99.5%～99.9998%,但是合成氨催化剂对其中杂质的敏感程度还需要验证。

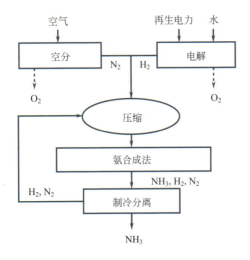

图6 低碳氨合成流程图

为满足氨合成条件，需要压缩机将氢气和氮气升压至10～25MPa，同时需要制冷系统。目前加压电解装置的外输氢气压力通常为3MPa。传统的氨工厂使用蒸汽轮机来驱动合成气压缩机、空气压缩机和制冷压缩机，能量消耗约为3.9～6.5 GJ/t NH_3。

预测的低碳合成氨能量消耗数量级与传统工艺相当。由于未考虑甲烷蒸汽重整这一吸热反应，所需能量和过程排放都有所减少；另一方面，该过程不产生富余蒸汽，因此与传统工艺相比，合成过程中不副产CO_2。从原理上看，该技术可行，且系统组成相对直接，但电解制氢和氨合成的组合工艺尚未工业化，而且此配置也缺乏一定程度的热集成。

4.2.3 合成氨各单元的能量需求

水电解是电到氨工艺过程中最主要的能量步骤。Öko-Institut的研究[47]显示，可再生氨的电力需求约为10MWh/t NH_3，合成1t NH_3，电解氢装置需要电力9.1MWh或38.9GJ（对应4.3kWh/m^3 H_2），可为每吨氨提供179kg H_2。此外，每生产1t NH_3，压缩机还需要消耗电力1.4MWh（5GJ）。对于空分装置来说，如果制取1t N_2需要0.4MWh电力[48]，对应1t NH_3需电力0.33MWh（1.19GJ），最后总的能源需求为12.5MWh/t NH_3或45.1GJ/t NH_3。且低碳路线少产的蒸汽（4.3GJ/t NH_3）不得不由外部提供。在3.1节的情景分析中，该部分蒸汽以电力消耗进行计算。相比之下，欧洲天然气制氨的能量需求为35GJ，其中21GJ是原料生产消耗，其余工艺过程平均为14GJ/t NH_3。因此低碳路线能量需求是常规化石路线的3.2倍（不考虑原料）。表11是两个路线的能量需求对比。

表11 常规化石路线与低碳路线能量需求对比（以生产1t NH_3为基准）

项目（每生产1tNH_3）	化石原料 （甲烷蒸汽重整+ NH_3合成）	低碳工艺 （水电解制氢+ NH_3合成）
原料 /GJ	21	0
燃料需求 /GJ	10.9	0
电力 /GJ	0.74	38.9
压缩机	5	5
其他公用工程	1.7（辅助锅炉，火炬等）	1.19（ASU）
蒸汽平衡 /GJ	−4.3	0
合计能量需求/GJ （比能耗/GJ）	35.04 （14，不包括原料）	45.1 （49.4，包括散失蒸汽的补偿）
与原料相关的 CO_2 排放量/t	1.33	0
过程排放量/t	0.5	0.12
总排放量/t	1.83	0.12

4.2.4 单位氨合成的二氧化碳减排量

表11比较了两种路线的CO_2排放量，天然气合成氨的排放量为1.83t CO_2/t NH_3，其中1.33t与原料有关，其余是与生产过程中燃料（55.9kg CO_2/GJ 天然气）和电力消耗有关。低碳路线只包括工艺过程相关的排放，假定工艺过程的供氢、压缩机蒸汽供热和空分单元都只利用低碳电力。这里必须再次强调，本书的研究中如果使用低碳电力，则与氢气有关的技术都对温室气体的排放有正效应。

基于此假设，电力和氢气生产的碳已计算在生产过程中（见4.1.1.5制氢成本）。整体碳排放为0.12t CO_2/t NH_3，其中0.1t CO_2 /t NH_3为电解排放，其余的属于额外发生的蒸汽。与SMR工艺相比，3.1节的蒸汽发生中已经考虑了短缺的蒸汽量。总体来说，低碳路线合成氨相比于传统天然气制氢工艺合成氨，生产每吨NH_3可减少排放1.71t CO_2。

4.2.5 低碳合成氨工艺的经济性分析

基于低碳合成氨路线的能量需求,在电价为50欧元/MWh时,生产每吨氨需要电费成本626欧元,加上投资和运行费用,成本将上升到800欧元。天然气合成路线的燃料成本为35~45欧元/t NH_3,而电解路线平均成本为600欧元[49]。在Leighty等人研究的概念工厂中,低碳合成氨工艺与合成氨相关的设备投资(包括空分,不包括储运设施)的资金成本为940欧元/kW。假设成本回收系数为12%,具有100MW电力生产能力的氨合成厂每年可生产约73000t氨,当电价为50欧元/MWh时,生产每吨氨的成本为735~800欧元,当电价为10欧元/MWh时生产每吨氨的成本为255~380欧元[50]。

表12 低碳生产合成氨成本

低碳电价/(欧元/MWh)	合成氨成本/(欧元/t)(假定连续运行)	低碳与化石生产工艺氨成本比值
10	255~380	1.7~2.5
30	450~590	3~3.9
50	735~800	4.9~5.3

如表12所示,可再生路径中氨的生产成本主要取决于低碳电力的价格,只有在极低电价下才具有与常规氨市场价格进行竞争的条件。在欧洲,天然气制氨的生产成本为350欧元/t NH_3[51]。也仅有在较低电价的情况下,氢气才具有竞争力。氨是合成尿素的原料,因此尿素生产也符合该规律。

4.2.6 氨的混合生产工艺

上述低碳合成氨路线的一个缺点是需要同时投资两个资本密集型装置(电解装置和空分装置)。在天然气合成氨厂中,由于在二级转化器中需要消耗氧气,因此空气可替代纯氮。在变换阶段,混合工艺的概念可以作为一个选择，天然气仍然作为原料，同时也包含转化部分，这样可以运用电解装置的灵活性，同时保持了目前合成氨高的工艺水平和热集成。此外，产生的 CO_2 可直接作为后续生产尿素的原料。Schulte-Beerbühl 已经对这个概念进行了研究[52]，表13是纯电解合成氨工艺和混合工艺优缺点的对比。

表13　纯电解工艺与混合工艺合成氨和尿素优缺点对比

项目	纯电解工艺	混合工艺
优点	无化石原料	CO_2 可用于尿素合成 不需空分 保持工艺组合过程 操作灵活性高
缺点	需空分单元（CAPEX） 需确保连续运行 外购 CO_2 无过程组合	非零化石原料 无 CO_2 循环 因使用化石原料，有较高 CO_2 排放

4.3　低碳氨与二氧化碳合成尿素

尿素广泛用于化肥，同时也是尿素甲醛和尿素三聚氰胺甲醛树脂的重要组成部分。欧洲尿素的产量为6Mt/a[53]。尿素生产通常与氨合成工厂高度集成，氨合成的转化过程、转化炉或锅炉烟道气回收的 CO_2 都可作为尿素原料，因此本研究中尿素为目标产品。NH_3 和 CO_2 作为原料进入尿素合成反应器，在高温高压条件下发生两步反应，未反应的 NH_3 和 CO_2 循环使用。

氨基甲酸铵合成：

$$2\ NH_3 + CO_2 \longrightarrow NH_2COONH_4 \qquad \Delta H^0 = -159.7\ kJ/mol$$

尿素合成：

$$NH_2COONH_4 \longrightarrow H_2O + NH_2CONH_2 \qquad \Delta H^0 = +41.43\ kJ/mol$$

如果采用低碳路线合成氨，转化阶段没有 CO_2 产生，便需要从其他途径获得。这是本章第一个实现CO_2循环利用的工艺,从化石燃料电厂或其他的工业过程中捕捉的CO_2可用于合成过程的CO_2供给。

4.3.1 尿素合成各单元的能量需求和CO_2减排量

由于尿素合成与氨合成高度集成,因此很难单独计算尿素合成的能量需求。有文献提到,如果不利用氨合成过程中富余的蒸汽,每吨尿素的生产额外需要的蒸汽量为3.29GJ[54],相应CO_2排放量约为0.32t[55]。每吨CO_2和NH_3合成尿素的化学计量系数比为1∶1,因此,合成1t尿素需要0.73t CO_2,可认为是CO_2负排放(见1.4节图1)[29]。但是,不得不考虑二氧化碳供应过程的碳排放(见专栏1),在合成尿素过程中包括0.31t CO_2/t尿素的间接排放,因此每吨尿素的CO_2排放量为-0.42t。

专栏1 化学原料CO_2的碳足迹

CO_2是反应过程的原料。生命周期评价的系统边界应包括所有以CO_2为原料的起始源头[56]。

CO_2捕集需要能量,还有额外的辅助设备和相关材料(比如捕集溶剂)。此外,捕集下来的CO_2通常需要压缩和输送,所有过程的间接CO_2排放都需要计算在碳足迹中。间接排放量取决于以下几个因素:

- CO_2来源的质量,比如:工厂或电厂的原料、CO_2浓缩和提纯。
- 捕集过程,比如:效率、能耗、困难,以及后续的CO_2提纯。
- 输送过程,比如:CO_2源头和化工厂的距离。

对不同影响因素的分析和敏感性的深入分析不在本研究范围内。为了评估CO_2来源的碳足迹,本研究参考了文献中电厂CO_2捕集、压缩和运输的CO_2排放量[57],捕集1t CO_2大概需要排放0.42t CO_2。该值比理想工况相对保守,其他工业源的该值会更高一些。附录中提供了相关信息。

为了反映从水、CO_2 经氨到尿素的整个工艺链，氨作为原料所需的能量和碳足迹也需要考虑在内。合成 1t 尿素需要 0.57t 氨，这相当于每生产 1t 尿素额外增加能耗 25.7GJ（7.1 MWh）和 CO_2 排放量 0.07 t。整个生产过程的能量需求为 29GJ（8.1 MWh）/t 尿素，CO_2 排放量为 -0.35 t/t 尿素。采用化石原料生产尿素的 CO_2 排放量为 1.7t/t 尿素[58]。与化石原料路线相比，相当于减少排放 2.05t CO_2/t 尿素。

4.3.2 低碳路线生产尿素的经济性

氨的生产成本为 700～800 欧元/t，合成 1t 尿素需要 0.57t 氨，低碳合成每吨尿素的成本大概为 450～500 欧元。

4.4 以氢气和二氧化碳为原料的甲醇合成路线

甲醇是世界上最大宗的化学品之一，可用来合成多种化合物。其中，甲醛合成的需求量最大，占全球甲醇的 30%，其他的主要用于合成甲基叔丁基醚（MTBE）和乙酸。在欧洲，甲醇主要利用天然气蒸汽转化法制得，也有少量由重油原料生产，年产量为 150 万吨。对于甲醇的传统使用，不包括本研究所涉及技术的额外需求，预计到 2050 年，甲醇需求量将增加到 217 万吨[59]。未来甲醇生产的发展取决于不同的因素，比如油价的变化。

4.4.1 常规甲醇生产工艺（TRL 9）

到目前为止，甲醇通常在大型工厂中生产，规模上限为 3000t/d，原料合成气同样来自天然气转化。从 CO 生产甲醇，与从 CO_2 生产甲醇一样，需要包括水-气变换步骤，将原料气中多余的 CO_2 除去。

CO 加氢法：$CO + 2H_2 \longrightarrow CH_3OH$ $\quad\quad \Delta H^0 = -90.8$ kJ/mol

CO_2 加氢法：$CO_2 + 3H_2 \longrightarrow CH_3OH + H_2O$ $\quad \Delta H^0 = -49.5$ kJ/mol

生产每吨甲醇需要0.52t天然气[60]。常规合成工艺流程简单描述如下：原料天然气经净化（主要是脱硫）后，预热并通入蒸汽，混合物在2MPa的压力下进入转换器，在800～950℃的催化蒸汽重整反应中形成氢气和一氧化碳（合成气）以及约5%的CO_2（还有一些甲烷残留物）。工艺蒸汽在锅炉中冷却，产生用于工艺的蒸汽和多余蒸汽，这些蒸汽可以外输。这一过程保证了高水平的热集成。部分CO_2添加到原料气中，以调节合成气至理想比例，进而更高效地生产甲醇。

对于甲醇合成来说，不同的专利商具有不同的反应器设计，因此本书只对该技术进行通用性描述。合成气被压缩送入甲醇转化器，单程转化率约为5%，未反应的气体在回路中再循环。转换器的设计会影响回路压力，合成回路包括循环器和转换器，同时，来自回路的反应热以蒸汽的形式回收。对合成回路进行吹扫，连续除去在循环回路中积累的惰性气体，并将其送至转化部分。反应粗产物中含有水和少量的副产物，在分离器中除去未反应的气体，并通过蒸馏工艺将甲醇与水分离。在欧洲，甲醇合成工艺的比能耗为12.5GJ/t甲醇，其中主要包括转化炉中的燃料；用电量为0.6GJ/t；BPT水平约为9.8GJ/t。工艺过程产生的热量足够用于甲醇蒸馏。实际上，甲醇生产净蒸汽外输量约2 GJ。

4.4.2 低碳甲醇生产（TRL 7）

低碳甲醇生产过程同样基于低碳电力电解产氢，然后将二氧化碳作为碳源进行氢化而制备甲醇。

电解过程：$6 H_2O +$ 电能 $_{（风力/太阳能）} \longrightarrow 6 H_2$（阴极）$+ 3 O_2$（阳极）

加氢过程：$2 CO_2 + 6 H_2 \rightleftharpoons 2 CH_3OH + 2 H_2O$ $\Delta H_{298K,5MPa} = -40.9 \text{ kJ/mol}$

总方程式：$2 CO_2 + 6 H_2 +$ 电能 $_{（风力/太阳能）} \longrightarrow 2 CH_3OH + 2 H_2O + 3 O_2$

CO_2的加氢工艺常应用于常规甲醇生产过程中，通过添加少量的CO_2来调节合成气的CO/H_2比。以CO和CO_2为原料，通过水煤气变换反应合成甲醇。

水煤气变换反应：$CO + H_2O \longrightarrow CO_2 + H_2 \quad \Delta H^0 = -41.2\ kJ/mol$

从CO_2直接合成甲醇不需要逆向水煤气变换（RWGS）反应器，在该反应器中，CO_2被氢还原为CO，生成传统的CO/H_2合成气用于甲醇合成。

对于纯CO_2加氢生产甲醇，催化剂是商业可购的，许多中试装置已经在运行中[比如日本三井化学公司和冰岛碳循环国际公司（Carbon Recycling International，CRI，参见专栏2）]并已开展工业化生产可行性研究。CO_2加氢制甲醇会伴随着水的生成，与常规方法相比，循环气和粗甲醇中含有的水要多很多，必须通过蒸馏将其除去。图7为通用合成工艺路线，其中的CO_2来自燃煤电厂。由于该方案中可再生电力无法连续获得，因此需要规划临时氢气储存，使甲醇反应器处于稳态运行。与低碳氨生产类似，该工艺也需要在电解之后进行氢气提纯和压缩。

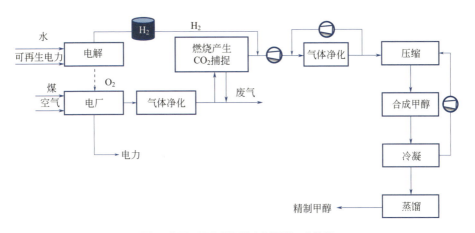

图7　使用可再生能源发电制甲醇工艺路线

其他替代常规生产CO/H_2合成气的方案尚处于早期开发阶段，包括直接电化学还原CO_2以及将CO_2和水电催化共还原为CO和氢气等。这些方案仅在一些研究机构中开展，处于实验室级别，因此其TRL还相对较低（TRL 1～3）。

> **专栏2　冰岛可再生甲醇试点项目**
>
> 2011年，碳循环国际公司（CRI）利用冰岛地热能的潜力，开始运营"George Olah可再生甲醇工厂"。这座耗资710万欧元的工厂（产能为1300t）现在设计每年生产4000t可再生甲醇（500万升），将作为将来扩能到4万吨/年工厂的试点研究基地。原料由地热发电厂产生的CO_2和地热发电厂5MW水电解产生的氢气组成，所有单元均连续运行。甲醇产品添加到汽油中，最多可替代冰岛2.5%的燃料消耗。此外，也可进一步用作生产生物柴油或其他基于甲醇的工艺的原料。与化石基燃料生产的甲醇相比，可再生能源生产的甲醇可将温室气体排放减少90%。

4.4.3　单位甲醇生产的能耗指标

与合成氨一样，水电解也是甲醇生产链中最主要的能源密集型步骤。假设水电解制氢的能耗指标为4.3kWh/m³ H_2，每生产1t甲醇需189kg氢气，共需耗能9.52MWh（34.3GJ）。其他相关研究表明生产每吨甲醇约耗能9.2MWh[61]。公用工程设施（如压缩机，分馏装置）[62]还额外需要约1.5MWh/t（5.4GJ）的能耗。因此，甲醇生产工艺总能耗指标约11.02MWh/t（39.7GJ）。常规甲醇工艺的净蒸汽输出在低碳工艺路线中无法实现，必须以其他方式提供。在本书3.1节中，已对基于电能生产工艺副产蒸汽的部分加以说明。低碳工艺的总能源需求远高于常规路线（约3倍）。但是，如果包含原料制备过程中的消耗，总体差异则并不明显。必须强调的是，采用氢气和CO_2合成的工艺路线时能量仅来源于水和CO_2分子，而化石原料路线则包括所用化石原料的能量。如果需要替代化石原料，需充分考虑原料这部分能量来源。表14比较了传统方法和低碳甲醇生产方法能源需求和CO_2排放量。

表14 传统与低碳甲醇生产路线的能源需求和CO_2排放对比

能源需求与排放	传统方法 （SMR + 甲醇合成）	低碳模式 （水电解制氢+甲醇合成）
原料能源/GJ	25	—
燃料需求/GJ	13.9	—
电/GJ	0.6	34.3
公用工程/GJ		5.4
蒸汽平衡/GJ	−2	0
总能需求/GJ	37.5（12.5，不包括原料）	39.7 （41.7，包括蒸汽补偿）
与原料相关的CO_2排放/t[①]	0.97	−0.79
工艺排放/t	0.52	0.123
总排放/t	1.49（1.82，源头到产品）	−0.67

① 详见4.4.4节中相关内容。

4.4.4 单位甲醇生产的二氧化碳减排量

低碳甲醇合成的二氧化碳足迹包括两个方面：① 二氧化碳作为原料被消耗；② 生产过程中的排放，主要由发电引起，还有发生蒸汽的。单从化学计量关系上看，每吨甲醇需要消耗1.373t CO_2。如本书1.4节和专栏1所述，原料CO_2被视为负排放，但这一负排放的效果应减去供应过程中产生的碳足迹。对于甲醇合成过程的CO_2需求，必须考虑间接排放的0.58t CO_2/t甲醇，进而CO_2消耗量减少到0.793t CO_2/t甲醇。根据4.1.1.6节中所述方法计算，生产过程相关的排放量为0.123t CO_2/t甲醇，其中0.106t用于产生氢气，0.017t用于其余工艺过程。与甲烷蒸汽重整工艺相比，缺少的副产蒸汽包含在3.1节的蒸汽发生过程中。因此，低碳甲醇工艺的CO_2总消耗为−0.67t CO_2/t甲醇。以天然气为原料的工艺排放量为0.52 t CO_2/t甲醇，还应包括辅助过程，即上游的天然气排放（生产和运输过程）消耗的0.85 t CO_2/t甲醇[63]。

综上所述，对比天然气基的制备过程，低碳甲醇制备工艺能够在生产中每吨减排 1.53t CO_2。

4.4.5 低碳甲醇生产的经济性分析

Plass 等[64]对比了利用低碳电力生产甲醇与生产合成天然气（SNG）的装置，结果生产成本（投资成本+运行成本）非常相似，绝对值取决于每年的工作时间，这也是衡量风能或太阳能发电是否稳定的指标，当然还包括可再生电力的成本。以每年 7000 h 的运行时间、50 欧元/MWh 的电力成本计算，甲醇生产成本为 670 欧元/t；如果以每年 3000 h 的运行时间计，生产成本为 826 欧元/t。其他研究表明，如今"绿色甲醇"的生产成本约为 600 欧元/t[65]。通过表 15 可以看出，甲醇的成本很大程度上取决于可再生电力的价格。

表15 不同运行时间下可再生甲醇生产成本[66]

可再生电价/（欧元/MWh）		10	30	50
甲醇生产成本/（欧元/t）	7000 h/a	290	469	670
	5000 h/a	335	536	737
	3000 h/a	447	625	826

欧盟委员会联合研究中心提供的最新欧洲石化产品生产成本为 400 欧元/t 甲醇。全球范围内其他基于化石原料的甲醇生产成本大约为 60～260 欧元/t[67]。原料成本的高波动性增加了得到可靠性投资回报的难度。可以看出的是，即使在理想条件（即长运行时间和低可再生电价）下，100% 可再生能源基甲醇也很难在没有补贴的情况下运行。

电解槽约占总安装成本的 75%，是最主要的投资成本，因此降低电解槽成本是进一步降低整体生产成本的关键。在上面的示例中，若通过切实可行的技术改进，将碱电解槽的成本从 1000～1200 欧元/kW 降低到

500～700欧元/kW，这将使投资成本降低50%，甲醇生产的总成本降低约30%。因此，仅仅依靠规模效应，即增加电池堆的数量来增加电解槽容量的方式，不会大幅降低生产成本。

4.5 甲醇制乙烯和丙烯（TRL 8~9）

乙烯和丙烯是大宗类石化基础原料，包括聚乙烯和聚丙烯、苯乙烯（通过乙苯）、乙二醇（通过环氧乙烷）、丙烯酸、丙烯腈、异丙苯和多元醇（通过环氧丙烷）等。在欧洲，乙烯年产量为2170万吨，丙烯产量为1700万吨。

4.5.1 常规乙烯和丙烯生产

在欧洲，乙烯和丙烯生产主要来自以石脑油为原料的蒸汽裂解，除此以外，还有液化石油气（LPG）。2015年，蒸汽裂解原料中有25%为LPG。裂解炉进料一般为混合原料，基本没有仅适用于LPG的[68]。乙烯、丙烯与蒸汽裂解的其他化工产品统称为高价值化学品（HVC）[69]。常规乙烯与丙烯生产工艺将原料与蒸汽混合，在裂解炉中加热至750～900℃，将石脑油裂解成短链产品。裂解气随后急冷，产生蒸汽，回收热量。苯、甲苯、二甲苯在150℃下分离，并除去水，剩余的气体被压缩后分馏为不同的产品。甲烷作为燃料再循环到炉中。高裂解深度有利于乙烯的生产，低裂解深度有利于多产丙烯。欧洲基于石脑油蒸汽裂解的比能耗约为16.5GJ/t HVC，BPT工厂约为12GJ/t HVC。

4.5.2 甲醇制乙烯和丙烯低碳工艺技术（TRL 8~9）

与先前描述的工艺相比，直接采用氢气和CO_2生产烯烃的方法不具备先进TRL。如由德国教育和研究部资助、由西门子领导的eEthylene项目[70]，旨在由CO_2和水在单一系统中直接电催化生产乙烯。尽管已证明了设想，但该技术仍处于TRL 3～4阶段。该技术的成功开发将带来突破性进展，它不需要使用甲烷或甲醇等中间产品作为烯烃合成的原料。本书中提到的生产路径为从氢气和CO_2合成甲醇，而后由甲醇制烯烃。目前该方法已在中国有商业应用，在欧洲尚无MTO工厂在运营。其工艺流程如图8所示。

图8 低碳甲醇制烯烃工艺

该技术有多家专利商，包括：UOP/Hydro的MTO技术以MTO-100硅铝磷酸盐合成分子筛为催化剂，Lurgi基于MTPROP的MTP（甲醇制丙烯）工艺［采用科莱恩（前身为德国南方化学公司）的ZSM-5型催化剂］。

MTO反应属于强放热反应，为了控制反应热和体系温升，该工艺过程通常为两步脱水法，甲醇先脱水生成二甲醚（DME），再脱水转化为烯烃，反应方程式如下所示：

$$2\ CH_3OH \longrightarrow CH_3OCH_3 + H_2O$$

$$CH_3OCH_3 \longrightarrow C_2H_4 + H_2O$$

$$3\ CH_3OCH_3 \longrightarrow 2\ C_3H_6 + 3\ H_2O$$

依靠催化剂可以得到不同的目标产品，除了MTO以外，MTP工艺或甲醇制汽油（MTG）工艺也应该引起关注。这两个工艺过程均可采用固定床和流化床反应器。

对于化石原料，特别是天然气，工艺流程将相应地从蒸汽转化和甲醇生产开始，然后是MTO。MTO工厂的BPT能耗为5GJ/t HVC[71]。假设欧洲工厂的BPT水平预估合理，由于当前没有相应的MTO生产装置，因此需要建造新工厂。此外，作为原料的甲醇，其生产能耗必须包括在完整工艺链的总能耗中，约17.5GJ/t HVC，高于蒸汽裂解工艺。就CO_2排放而言，采用天然气通过MTO加工路线制备烯烃的过程意义不大，因为蒸汽裂解的排放量为0.76 t CO_2/t HVC，而通过MTO的工艺链则为2.9 t CO_2/t HVC。后者包括用于MTO的0.5 t CO_2/t HVC及MTO过程中作为原料需要生产的2.83t甲醇所产生的排放量。

对于低碳路线，MTO工艺流程保持不变，只通过提供低碳甲醇作为原料，减少整体碳排放。

4.5.3　甲醇生产乙烯和丙烯的单位能源需求

从化学计量角度，生产每吨乙烯或丙烯需要2.28t甲醇。因此，总能耗需包括4.4.2节中所述的甲醇生产部分和MTO工艺的能耗（5GJ/t HVC），总电力需求为95.5GJ/t HVC，相当于26.6MWh/t HVC。这是石脑油裂解工艺所需能量（16.5GJ/t HVC）的5倍以上。即使考虑到蒸汽裂解的原料能量含量（42.5GJ/t HVC），低碳工艺的比能耗仍要高40%。值得一提的是，石脑油蒸汽裂解是净蒸汽输出过程（1.5GJ/t HVC），这些都基于用电力生产蒸汽（详见3.1节）。

4.5.4　单位乙烯和丙烯生产的二氧化碳减排量

与石脑油裂解工艺的排放量0.76t CO_2/t HVC[72]相比，MTO工艺的CO_2排放量为0.4t CO_2/t HVC。然而，就CO_2排放而言，低碳工艺流程的主要优势来自低碳甲醇生产过程，该工艺过程已被证明是净消耗CO_2的工艺（负排放）。因此，该工艺优势主要在于MTO工艺对原料甲醇的需求。考虑到CO_2原料的需求和低碳甲醇生产的过程，从水和CO_2合成甲醇再到烯烃的整个工艺链的总碳排放为-1.89t，这也是通过此工艺生产烯烃所减少的二氧化碳排放量。

要实现这一情景，需要与预计产量增长相对应的新烯烃生产厂采用氢基甲醇生产接MTO的工艺链。同时，一部分老生产工厂设施的更新换代也将以此生产路线为基础展开。

4.5.5 低碳工艺生产乙烯和丙烯的经济性分析

在甲醇合成章节描述的经济限制条件对于以甲醇作为原料生产烯烃来说依然是主要问题。甲醇生产成本为每吨300～650欧元,每吨乙烯或丙烯的成本为680～1450欧元。对比欧洲委员会联合研究中心提供的最新欧洲石脑油裂解制乙烯和丙烯生产成本(816欧元/t HVC),经济性的差距为2级,使得这种低碳合成路线面临很大的挑战,特别是必须新建氢基甲醇装置和MTO装置。

4.6 氢基甲醇路线生产BTX(TRL 7)

苯、甲苯和二甲苯(包括邻二甲苯和对二甲苯)是用于生产合成纤维、树脂、洗涤剂和聚合物(包括聚苯乙烯、聚氨酯和聚酯)的主要芳烃原料。欧洲的BTX年产量为1570万吨,预计到2050年将增长到2900万吨。

4.6.1 常规工艺路线生产BTX(TRL 9)

欧洲BTX生产路线与先前描述的烯烃产品生产路线一样,比如石脑油的蒸汽裂解。BTX可以从副产品裂解汽油中抽提,含有约65%的芳烃。另一途径是从石脑油的催化重整中得到高辛烷值汽油和富含BTX的芳烃。石脑油蒸汽裂解产品中芳香族化合物的产率占比约为14%。BTX生产的比能耗为7GJ/t HVC。

4.6.2 低碳甲醇工艺生产BTX(TRL 7)

该工艺过程同样基于甲醇。具体流程如图9所示。

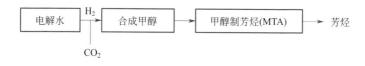

图9 低碳甲醇工艺生产BTX

美孚（Mobil）的甲醇制芳烃（MTA）工艺已经得到验证，使用沸石催化剂可在370～540℃和2～2.5MPa下将甲醇转化为芳香族化合物。与MTO工艺相比，其反应温度更低，催化剂酸度要求更高。反应转化率为95%～100%，芳烃产率为60%～70%，其中80%为BTX，所以BTX总产率约为56%[73]。

表16列出了MTA工艺的典型产品分布，从碳原子数化学计量的角度可以看出，生产单位分子的芳香族化合物平均需要7.5单位甲醇分子。考虑到总的BTX产量，该工艺生产每吨BTX的甲醇需求为4.3t。

表16　MTA工艺产品分布组成（HZSM-5）[74]

产品	质量分数	碳原子数	化学计量比
苯	4.1%	6	0.34
甲苯	25.6%	7	2.51
邻二甲苯	9.0%	8	1.01
间二甲苯	22.8%	8	2.55
对二甲苯	10.0%	8	1.12
合计	71.5%		7.53

4.6.3　低碳工艺生产BTX的能源需求

低碳工艺生产BTX总的能耗指标很大程度上取决于低碳甲醇生产的能耗。生产每吨BTX需要4.3t甲醇，故每吨BTX的能耗约为171GJ（或47.5 TWh）。假设MTA工艺的能耗与MTO装置接近，即5GJ/t，则整个过程总能耗为176GJ/t，而石脑油路线生产BTX的能耗仅为7GJ/t。

4.6.4　低碳工艺生产BTX的二氧化碳排放量

MTA工艺的碳排放量（1.13t CO_2/t BTX）高于石脑油裂解工艺的排放量（0.55t CO_2/t HVC）[62]，主要影响来自CO_2原料需求和氢基甲醇的碳足迹。生产每吨BTX所需的4.3t甲醇对应-2.91t的CO_2排放量。按此计算，从水和捕集的CO_2到制备甲醇再到通过MTA工艺生产BTX的整个过程链，其总碳排放量为-1.7t CO_2/t BTX，这也是通过此工艺过程生产每吨BTX能够减少的CO_2排放量。

4.6.5 低碳工艺生产BTX的经济性分析

在上面所述的BTX生产中，若采用低碳甲醇作为原料，则其生产成本在很大程度上取决于甲醇生产成本。由于甲醇的生产成本为300～650欧元/t，在计算BTX生产成本时，如果甲醇成本只计其生产成本而不考虑甲醇生产商的利润等成本的情况下，每吨BTX的生产成本约1300～2800欧元。与现有的化石基工艺技术相比，该生产成本相当高，是现有工艺的3倍以上。

4.7 低碳氢气和二氧化碳合成燃料

由于前面讨论的技术可用于制造低碳足迹的高质量液体燃料，因此本书也对为运输部门生产合成非化石燃料的路径进行了研究。这一研究是非常重要的，因为随着减少化石能源产生的二氧化碳排放这一意愿的增加，交通部门已经变成最大的排放者之一。但本书并没有试图预测液体燃料在未来的作用，也没有试图预测其他选择，如电动汽车或氢燃料会被如何使用。IEA ETP 2℃情景所示的运输燃料需求已用作后续工作开展的基础条件。甲醇既可以用作化学原材料和运输燃料，还可以用于生产其他类型的燃料添加剂或燃料。Power-to-X技术通过费托合成将氢气和二氧化碳生成的合成气转化为燃料，这些路线及其潜在的影响见后续章节。

4.7.1 低碳甲醇作为运输燃料

如前所述，甲醇是低碳工艺路线合成化工品的关键原料，而且甲醇也可以用作燃料或燃料组分。甲醇可直接作为高辛烷值液体燃料使用,并可以极小的增量成本与汽油、乙醇混合用作车辆燃料。现在的欧洲汽油标准EN 228(2004年修订)允许最高3%的甲醇(M3)混入汽油中使用。最高3%(体积分数)的甲醇含量已证明对发动机或材料磨损没有不利影响,但与燃料直接接触的材料需要进行调整,比如避免腐蚀,采用增溶剂以避免相分离,以及考虑冷启动和预热能力的影响。对于非常高的甲醇浓度(如体积分数超过89%),则必须添加碳氢化合物(如异戊烷)。从2008年到2013年,甲醇用作汽油调和或燃料用途的增长率超过24%,已成为其第二大应用领域[75]。甲醇和汽油的调和油品在中国市场尤为普遍,约占15%至85%以上(译者注:该说法值得商榷,国内没有看到该数据)。尽管甲醇的能量密度大大低于汽油或柴油,但可以通过甲醇燃烧产生的较高能量来部分弥补储存过程中的损失。

此外,甲醇也可用于生产燃料添加剂,包括甲基叔丁基醚(MTBE)和叔戊基甲基醚(TAME)。20世纪70年代初开发的甲醇制汽油(MTG)工艺可由甲醇生产高质量的汽油[76]。

4.7.1.1 甲醇部分替代汽油的二氧化碳减排量

为了比较燃料的碳排放,须综合考虑给定燃料的整个循环过程,所以CO_2足迹的基础是"从油井到车轮"的数据。例如,汽油从油井到车轮的碳排放量为87.1g CO_2/MJ[77]。就低碳甲醇而言,GHGenius已针对风能甲醇用作燃料的情况进行了LCA评估,结果显示碳排放约为14g CO_2/MJ[78]。总体而言,相当于减少了73.1g CO_2/MJ的燃料排放。

在各情景规划中,甲醇作为液体燃料(添加剂),并且预计甲醇会在汽油中占有一定比例。汽油需求取自IEA 2DS ETP 2015 Transport模型(国际能源署2015能源技术展望——交通,2℃模型),需要额外提高甲醇生产能力才能满足各个方案中描述的能源需求。表17总结了甲醇调和汽油组分不同添加量的影响。

表17 甲醇作为汽油添加剂的影响

甲醇比例	0%	5%	10%	25%	50%	60%	80%	100%
能量密度/(MJ/L)①	32.40	31.56	30.72	28.20	24.00	22.32	18.96	15.60
欧洲汽油需求/PJ②	4348	3155	2752	2410	2061	1634	1186	994
所需汽油量/Mt①②	98	68	56	41	23	15	5	0
所需甲醇量/Mt①②	0	8	14	30	52	49	48	50
多燃料需求因子③	1.00	1.03	1.05	1.15	1.35	1.45	1.71	2.08
相应CO_2排放量/(kg/L)④	2.822	2.692	2.562	2.171	1.520	1.260	0.739	0.218
减排量	0%	5%	9%	23%	46%	55%	74%	92%

① 汽油32.4MJ/L或44.4GJ/t;甲醇15.6MJ/L或19.9GJ/t。
② 国际能源署2015能源技术展望——交通,2℃模型。
③ 以甲醇汽油的能源密度为准,忽略甲醇本身的高燃烧效率。
④ "从油井到车轮"过程二氧化碳排放量:汽油81.7g/MJ;甲醇14g/MJ。

4.7.1.2 低碳甲醇作燃料的经济性

低碳甲醇生产成本为300～650欧元/t(0.015～0.033欧元/MJ),这与0.015～0.025欧元/MJ的生物乙醇生产成本相比具有竞争力,但比传统的汽油生产成本高出2倍。

4.7.2 通过合成气和费托合成生产柴油和煤油(TRL 5～7)

合成气(由电解得到H_2与CO_2)可通过费-托合成生产各种合成燃料,主要工艺流程如图10所示。

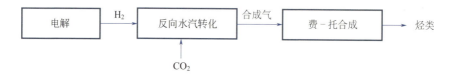

图10 电能到费-托合成烃工艺路线

简要反应顺序如下：

电解：$3H_2O + e^- \longrightarrow 3H_2 + 1.5 O_2$

反向水汽转化：$CO_2 + 3H_2 \longrightarrow CO + 2H_2 + H_2O$

费托合成：$CO + 2H_2 \longrightarrow -CH_{2-} + H_2O$

在TRL 5～7的情况下，由氢气和二氧化碳生产柴油或其他烃类有几种方法。不同于将甲醇或乙醇混入汽油中以减少CO_2排放，相应的合成燃料其化学成分与化石燃料几乎相同（见表18），可以完全替代它们。德国的Sunfire公司在此领域领先，见专栏3。

专栏3 电能转化为液体燃料的案例研究

Sunfire公司正在德国德累斯顿运营全球首个从电能到液体燃料的中试装置。该装置在蒸汽电解的联合操作下[在加压下，电机效率达到90%以上（10kW）]，通过CO_2反向水煤气变换和费托合成，工厂可以从CO_2、水和可再生能源中生产烃类，其总体效率水平高达65%（LHV H_2/kW）。合成烃类可以与汽油、柴油、煤油、甲醇和甲烷等燃料一起用于道路交通、航运、航空和化工等行业。

Sunfire公司特别强调了生产的合成柴油（"蓝油"）已经满足相关性质要求（表18），不需要进一步改性就可用于机车。该中试装置的合成柴油产能为每天1桶，Sunfire公司声明用该法生产每吨燃料可减少3.14t二氧化碳排放。

该装置结合了固体氧化物燃料电池（SOFC）和固体氧化物电解槽电池（SOEC）。所谓的可逆固体氧化物电池（rSOC）操作是指单个设备中同时使用SOFC和SOE电池，该组合可以在可再生能源短缺时及时供电。因此，该工艺有助于平衡电力、稳定电网，并且可提高分散地区的电力供应能力。销售的第一台rSOC的输入功率为100kW（SOEC），输出功率为50kW（SOFC）。

表18 Sunfire公司中试装置合成柴油与传统化石燃料特性对比

项目	欧标柴油（EN 590）	Sunfire 合成柴油
密度/(kg/m^3)	820~840	780
LHV /(MJ/kg)	42.5	44.7
能量密度/(MJ/L)	34.9~35.7	34.9
十六烷值	>51	65~76
其他		硫含量接近0，芳烃含量<1%

4.7.2.1 单位合成燃料生产的能源需求

柴油和煤油的能量密度都是43.1GJ/t。对于上述反应流程，Sunfire公司认为水蒸发需要消耗141kJ、蒸汽电解需要726kJ、反向水煤气变换需要41kJ。费托合成释放的热量为147kJ，如果在生产过程能够有效利用这部分回收热量，则能够满足水蒸发过程能量需求。以总工艺效率70%计，总能量需求合计为66.3GJ/t（或18.4MWh），其中电解需要62.8GJ/t（或17.4MWh），废热回收（RWGS）需要3.5GJ/t。

4.7.2.2 单位合成燃料生产的二氧化碳减排量

斯图加特大学对Sunfire公司的工艺做了全生命周期分析[79]，该分析清晰地展示了使用低碳电力生产合成柴油的基本要求。如果使用现在的德国电力，则合成柴油的碳排放接近化石基柴油的3倍；若使用100%可再生电力，"从油井到车轮"可减排35%到85%。"从油井到车轮"传统柴油的排放量为88.6g CO_2/MJ（3.82t CO_2/t），煤油的排放量为71.5g CO_2/MJ（3.08t CO_2/t）。与传统化石燃料相比，合成燃料具有60%的中等减排能力，每吨合成柴油的CO_2减排量为2.3t，每吨合成煤油的CO_2减排量为1.85t。表19对比了用不同比例的合成燃料替代化石基柴油和煤油后的燃料需求以及相应的CO_2减排量。

表19　不同比例合成燃料替代柴油和煤油后的影响

项目	2015	2020	2025	2030	2035	2040	2045	2050
合成燃料比例	0%	10%	25%	40%	50%	60%	75%	100%
欧洲柴油需求（IEA, 2DS）/PJ	7463	7306	6441	5427	4688	4158	3536	3000
折算合成柴油量/Mt	173	170	149	126	109	96	82	70
合成柴油产量/(Mt/a)	0	17	37	50	54	58	62	70
CO_2减排量/(Mt/a)	0	39	86	115	125	133	141	160
欧洲航煤需求（IEA,2DS）/PJ	2267	2187	1952	1704	1447	1359	1306	1290
折算合成航煤量/Mt	53	51	45	40	34	32	30	30
合成航煤产量/(Mt/a)	0	5	11	16	17	19	23	30
CO_2减排量/(Mt/a)	0	9	21	29	31	35	42	55

4.7.2.3　合成燃料生产的经济性

Sunfire公司已经计算出合成柴油的生产成本为每升1.24欧元（电价以50欧元/MWh计算），两种燃料的成本估计为1.2～1.5欧元/L。相比之下，化石原油的开采价格为0.25～0.60欧元/L。该数据表明合成燃料的生产成本是化石基燃料生产成本的2倍以上。在当前生产条件下，实现与化石基燃料的成本均等暂不可能。

4.8　氢气和二氧化碳合成甲烷

对于氢基合成工艺来说，甲烷化也是其中常见的主要路线，如"电到天然气"（Power-to-gas, PtG）或"电到甲烷"（Power-to-Methane, PtM）等。合成甲烷或合成天然气（SNG）作为可再生资源经间歇发电的储能方式值得研究，该方式可利用现有的气体储存和销售设施。

4.8.1 由氢气和二氧化碳合成低碳甲烷/合成气（TRL 6~7）

石油危机引起人们对化石能源枯竭的担忧，20世纪70年代，几家大型工厂开始发展和建设[80]，而二氧化碳（或一氧化碳）的甲烷化反应并没有引起人们的关注。然而近期，特别是在德国，已有越来越多的项目开始采用二氧化碳（或一氧化碳）的甲烷化工艺，并且已经建立了相应的试验装置[81]。奥迪的 E-Gas 项目就是其中一个例子，该项目将风电用于 PEM 电解槽，生成的氢气与沼气中分离出的 CO_2 转化为甲烷，然后将其送入天然气管网中。CO 或 CO_2 的甲烷化反应如下所示：

CO 甲烷化：$CO + 3H_2 \longrightarrow CH_4 + H_2O \qquad \Delta H^0 = -206\ kJ/mol$

CO_2 甲烷化：$CO_2 + 4H_2 \longrightarrow CH_4 + 2H_2O \qquad \Delta H^0 = -165\ kJ/mol$

该反应过程会产生大量的水，随后将其除去（例如通过冷凝）以获得纯度较高的甲烷。由于在水的形成过程损失氢气是合成气生产中不可避免的问题，故该过程所需的可再生氢气原料需求增加了一倍。反应本身为强放热反应，所产生的热量可进一步用于电解过程（如 SOE）中。

用于甲烷化的气体进料要求必须非常纯净，因此生成的合成气中也仅含有如下杂质：二氧化碳、氢气、水和部分烃类。水可通过气体干燥除去，而二氧化碳和烃类可以保留在合成天然气中，烃类甚至可以用于调节产品的热值。

为了更易于存储和运输，可将天然气冷却至 $-162^\circ C$ 液化。天然气液化需要天然气非常清洁，意味着在冷却之前须对气体进行处理，除去其他凝液、二氧化碳、水以及硫和汞化合物等杂质[82]。由于合成天然气所含杂质比天然气明显较少，液化过程更加容易和便宜。

4.8.1.1 低碳合成气生产的电力需求

CO_2 甲烷化生产每吨甲烷需要消耗 0.5t 氢气。当电解效率为 $4.3kWh/m^3\ H_2$ 时，每吨 SNG 的电力需求计算值约为 91.3GJ（或 25.4MWh），假设其他额外过程的能源需求为 5.4 GJ，则总能源需求约为 96.7GJ（26.9MWh）。

4.8.1.2 低碳天然气生产的二氧化碳减排量

化石天然气的碳足迹取决于多种因素,比如来源、区域、运输要求等。Fritsche等[83]将天然气开采和处理过程的碳足迹量化为约11g CO_2/kWh 天然气,其中天然气热值为45MJ/kg,相当于0.137t CO_2/t 天然气。根据运输距离的远近,需将天然气运输过程中的碳排放量计算于其中。

生产1t甲烷需要0.5t氢气和2.7t二氧化碳原料,电解过程需要能量91GJ/t甲烷,故排放量为0.28t CO_2/t 甲烷。在这种情况下,由于二氧化碳的需求量高,主要的影响来自二氧化碳的捕获和供应,该过程约产生1.15 t CO_2,加上其他工序和 CO_2 供应产生的0.01t CO_2 的碳排放,总体上每吨甲烷可以减少1.31t的二氧化碳排放量。

4.8.1.3 低碳合成气生产的经济性

合成天然气(SNG)的生产成本在很大程度上取决于电价和装置运行时间。当前许多电转气(Power-to-Gas,PtG)项目在方案设计中仅使用峰值电力,装置可运行时间小于3000h/a,这也带来了不利的经济影响。目前,PtG被认为是用于存储可再生能源的"辅助"技术,因此考虑将每年的运行时间降至1200h。几项研究对比了通过可再生能源生产甲烷的潜在成本。德国环保署[84]在以下6种情况下计算了可再生氢气和二氧化碳生产甲烷的成本:每年运行时间为1200h和7000h,电价为0欧元/MWh、50欧元/MWh和90欧元/MWh。以50欧元/MWh的电价和运行7000h/a计算,每吨甲烷的生产成本在2000~3500欧元。

2014年,经济合作与发展组织国家给出的化石甲烷参考成本为154~785欧元[85]。因为先前描述的主要途径均基于合成气,而这之前无需进行甲烷化反应,因此在本研究的情景设置下将不再考虑甲烷化反应。在没有合成气和其他中间步骤的情况下,将目标产品从甲烷直接合成转化为芳烃的过程尚需进行大量基础研究,但事实证明,甲烷的活化是非常具有挑战性的。

4.9 基于氢气的低碳合成路线的比较

表20概述了本章研究的低碳工艺的主要减排数据。针对不同的目标产物，对化学物质和合成燃料进行了区分。对于化工产品，二氧化碳减排量非常相似。当将二氧化碳减排量表示为所需电力的函数或生产成本的函数时，可以看出差异。每兆瓦时的二氧化碳排放量最高的是尿素，其次是甲醇和氨气，两者相当。乙烯、丙烯、BTX的减排效率则相对较低。从二氧化碳减排成本的角度来看，价值顺序是相同的。

表20 基于氢气的低碳合成路线对比

产品		电耗/（MWh/t）	二氧化碳作为化工原材料/（t/t产品）	二氧化碳减排量/（t/t产品）	成本/（欧元/t）	二氧化碳减排量/（kg/MWh）	二氧化碳减排量/（kg/欧元）
化工产品	氨	12.5	—	1.71	700~800	137	2.1~2.4
	尿素	8.1	0.73	2.05	450~500	253	4.1~4.5
	甲醇	11.02	1.373	1.53	300~650	139	2.4~5.1
	烯烃	26.6	3.2	1.89	670~1900	71	1~2.8
	BTX	48.9	5.9	1.7	1300~2800	34	0.6~1.3
燃料	柴油	18.4	3.15	2.3[①]	1.2~1.5欧元/L	125	1.3~1.6
	煤油	18.4	2.85	1.85[①]	1.2~1.5欧元/L	100	1~1.2
	合成天然气	26.9	2.7	1.31	2000~3500欧元/L	49	0.4~0.7

① Well-to-wheel（从油井到车轮）原则。

一般来说，这些低碳合成路线的能源需求非常高。从这个意义上说，低碳工艺本身并不是节能的，它们只是在规定的系统中具有较低的碳足迹。然而，基于电力的低碳途径的高能源需求可部分归因于这样一个事实，即目标产品仅由水和二氧化碳合成，因此不能从替代化石工艺中使用的原料的高能量含量中获利。因此，氢基低碳路线与化石参考路线的比较应基于总能源需求。也就是说，在化石工艺中需要考虑到目标产品内置原料的能量含量。第10章将进一步讨论这一方面以及氢基路线的低碳电力。

所述低碳路线的另一个方面是对贵金属和稀土元素的潜在更高需求，特别是在可再生电力这一部分，如风电和电解槽电池所需催化剂等都需要贵金属和稀土元素。必须从总体资源效率的角度考虑这一影响，但本书未对此进行进一步调查。

4.10　二氧化碳作为化工原材料

第4章中描述的工艺取决于将大量CO_2作为原料进行大规模部署时CO_2的可供给性。另一方面，电力行业和过程工业也努力采用低碳技术，以在2050年前大幅度减少二氧化碳排放。在这种情况下，来自合适点源的二氧化碳可供给性成为一个瓶颈。随着低碳化工生产的增加，工业和发电厂点源的二氧化碳排放量将减少，这一点将随着时间的推移变得更加重要。为了调查这一潜在限制，将预测供应量与本书最大情景下的预期需求量进行了比较。9.2节中制定的最大情景（MAX）描述了潜在部署的上限，即100%基于低碳生产的产量。因此也确定了二氧化碳作为碳源的最大需求量。表21显示了2050年最大情景下的二氧化碳需求。

表21　最大情景下的二氧化碳需求

项目		二氧化碳需求量/Mt							
		2015	2020	2025	2030	2035	2040	2045	2050
化学品	甲醇	0.0	0.0	0.1	0.2	0.6	1.2	1.8	2.4
	尿素	0.0	0.1	0.2	0.7	2.0	3.9	5.9	8.0
	乙烯/丙烯	0.0	1.1	3.9	12.3	25.3	53.6	91.4	131.1
	BTX	0.0	1.0	3.4	11.2	23.5	45.6	87.6	149.7
	合计	0.0	2.2	7.7	24.5	51.4	104.3	186.7	291.2

续表

项目		二氧化碳需求量/Mt							
		2015	2020	2025	2030	2035	2040	2045	2050
燃料	甲醇	0.0	10.9	19.0	33.3	42.7	50.8	57.3	67.7
	合成柴油	0.0	26.7	47.1	79.4	102.9	136.9	181.1	219.5
	合成煤油	0.0	8.0	14.3	24.9	31.8	44.7	66.9	94.4
	合计	0.0	45.6	80.4	137.6	177.3	232.4	305.3	381.6
总需求 （化学品+燃料）		0.0	47.8	88.1	162.1	228.8	336.7	492.0	672.8

到2050年，在这种情景下，化学品生产的二氧化碳需求量为291Mt，燃料生产的二氧化碳需求量为381Mt，上限为673Mt。

这将与大型CO_2点源的预计可供给性进行比较。为此，考虑了IEA ETP 2015 2℃模型，因为该模型已经预见到所有部门都将大力减排二氧化碳。表22显示了欧洲大型发电厂和工业点源的预期二氧化碳直接排放量。

表22 IEA ETP 2015 2℃模型下欧洲电力和工业部门二氧化碳直接排放量

单位：Mt

项目	2015	2020	2025	2030	2035	2040	2045	2050
工业部门排放量	647	671	602	521	458	413	362	313
电力部门排放量	1315	962	700	430	199	103	76	69
总排放量	1962	1633	1302	952	657	516	437	381

显然，即使100%的目标石化产品通过所述低碳技术生产，可用的二氧化碳量也足以满足需求。如果将合成运输燃料的生产增加到化学品生产中，2040年至2045年间的二氧化碳需求量将超过可供量。但必须强调的是，这只适用于设定的最大情景，考虑到高经济障碍和所需的大量低碳电力（超过可供电力容量），这可能被认为是不现实的。还应指出的是，国际能源署的

设想不包括小型工业工厂以及沼气厂或啤酒厂等许多其他小型来源的排放，尽管这些工厂可以作为当地合适的二氧化碳供应源。

雄心方案下，在2050年只需要258Mt二氧化碳，包括燃料生产。因此得出结论，在未来35年的时间框架内，作为原料的二氧化碳供应不太可能成为瓶颈。从地理角度看，各地的条件可能会有所不同，因为需要实现生产地点和来源的匹配。在4.1.1.4节中有人指出，基于电解的生产工厂可能会更小、更分散，这可能会为新的生产地点开辟许多地方性或区域性机会。为此，需要对二氧化碳来源、低碳能源的可用来源、化学品生产设施和其他必要的基础设施和公用事业进行详细测绘。像这样的宏观规划超出了本书的研究范围。在气候KIC方案ENCO$_2$re的"二氧化碳再利用价值链"项目中，已经绘制了一张非常有用的二氧化碳源地图，该地图显示了欧洲二氧化碳源的位置、大小和纯度水平[86]。

展望2050年以后，即几十年之后，工业来源的二氧化碳可能会成为一个瓶颈，这就需要实施直接空气捕获技术。

05
使用二氧化碳的替代合成途径

前文所提及的以二氧化碳为碳源的反应是以氢为共同反应物。二氧化碳的其他转化利用替代反应物为其碳转化过程提供必要能量。尤其用二氧化碳作为不同聚合物的共聚单体，这显著提高了产品附加值。图11显示了不同的二氧化碳基产品及当前的应用情况。该图中的应用情况包括了氢基工艺。除尿素外，目前已商业化生产的最大规模的二氧化碳基产品包括环状碳酸酯和水杨酸，但二者的年产量均低于10万吨（TRL 9）。

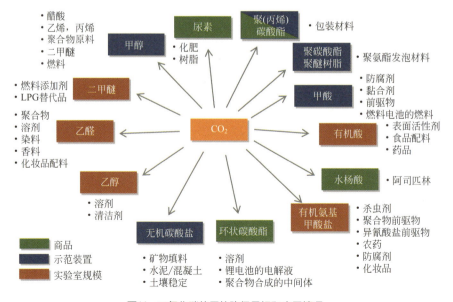

图11 二氧化碳使用的路径目标和应用情况

用二氧化碳作结构单元可以生产两类聚合物：聚（丙烯）碳酸酯和聚碳酸酯醚醇。美国的Novomer 公司和Covestro公司（前拜耳材料科学公司）在进行有关研究与生产（TRL 7～9）。挪威DNV公司建了一个产能为1kg/d的甲酸电化学减排中试装置，Mantra Energy Alternatives公司正在加拿大温哥华建一个100kg/d的甲酸电化学减排车间（TRL 7）。矿物碳化（矿化）在半商业化车间用于处理工业废物、污染土壤、冶金渣和生产类似水泥的建筑材料（TRL 7～9）。大量其他工艺的研究目前处于实验室规模，技术成熟度要低得多。但有一种方法潜力很大，即直接由二氧化碳合成二甲醚（DME）。与目前最先进的经甲醇生产二甲醚工艺相比，该工艺的二氧化碳减排潜力应为0.125t CO_2/t DME，相当于减排30%[87]。值得进一步研究的合成途径还有由乙烯和二氧化碳直接合成丙烯酸钠，或将二氧化碳通过电催化转化为乙烯。

06
以生物质为原料的低碳化学品生产

    化学工业需要使用含碳原材料。如何能够避免使用化石原料？一个可以完全替代化石原料的办法就是使用可再生原材料，例如生物质原材料。生物质原材料是宝贵和有限的资源，应当以可持续的方式加以利用。目前很多领域都在争相使用生物质作为原材料：

- 粮食和饲料供应。含糖和淀粉的生物质（第一代生物质）是最优先被考虑的，但由于世界人口的增长，对用于生产粮食的农业用地需求也在增加，该替代途径几乎被禁止。
- 能源。大量生物质通过燃烧（包括发电厂的共烧）来发电和供热。此外，沼气厂和家庭取暖也可以采用这一途径。木质纤维素和废弃生物质可作为原材料，这样与粮食的竞争比较低。
- 燃料。大量可再生原材料可以用于生物燃料的生产，生物燃料包括生物乙醇和脂肪酸甲酯（FAME）（来自棕榈、菜籽油和豆油等农作物原料的第一代脂肪酸甲酯）。到2020年，欧盟的目标是实现10%的运输燃料来自可再生原材料，这其中一个先决条件是可以使用非粮生物质。
- 材料和碳原料。这不仅包括工业部门，还包括木材（主要用于建筑）和造纸工业。

可持续地利用生物质必须考虑多重因素，其中包括环境因素，如土壤侵蚀、水资源短缺、农药和化肥过度使用造成的土壤富营养化、土地的可用性、间接土地使用、生物多样性等。本书不详细研究每一个影响因素，但在6.7节中会讨论生物质的未来前景。本书中讨论的大体量基础化学品，会进一步考虑一定的限值，以避免对碳足迹、成本和物流造成严重影响。原料的供应半径一般在100km以内。

欧洲化学工业已经开始使用可再生原材料，总量约为800万吨[88]，相当于7900万吨碳原材料需求总量的10%。预计在将来，生物质将会发挥更大的作用，但也会受到生物质供应稳定性和不同生物质利用途径激烈竞争的影响。

6.1 生物甲醇的生产（TRL 6~7）

6.1.1 生物甲醇的生产过程

生物甲醇的生产与煤制甲醇生产是相同的路线，都是气化原材料。很多种类的生物质原材料可以用于生物甲醇的生产。在相同的热量下，木基甲醇的净产量是糖和淀粉作物的1.5～2倍[89]。图12是简化的生产过程示意图。生物质原料先要进行预处理。不同生物质的含水量不同，生物质最多含有70%的水分，因此需要在气化之前将生物质干燥至15%的湿度。对于气化过程，有多种气化技术可以选择，气化温度根据生物质的不同而不同。在原材料加热过程中，加入一定量的氧气可以提高合成气的产出比例，减少CO_2和水的量。可以考虑使用第4章所述过程中电解步骤中产生的氧气。气化之后即为气体提纯步骤，需要去除焦油、灰尘和无机污染物。随后在重整器中进一步转化为未加工的轻质烃，再进行水-气转换，将氢气与一氧化碳的比例调节至甲醇合成的最佳值。

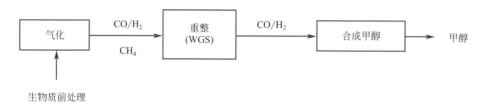

图12　生物质气化生产甲醇示意图

2012年，第一家商业生物甲醇工厂由Värmlands Metanol AB宣布在瑞典哈格福什（Hagfors）建成，Thyssen Krupp工程公司（前Uhde）为技术承包商[90]。设计理念是使用加压吹氧气化炉，可行性研究预测，以111MW的森林残渣为原料，可生产100～110kt燃料级甲醇，效率为66%～72%。

6.1.2　单位生物甲醇生产的能源和原料需求

与现有的天然气制甲醇工艺相比，生物质生产甲醇的能源效率较低，因为生物质预处理需要更多的步骤，原料的氢碳比较低，灰分和碳含量又较高。因此，生物质工艺的生产效率在50%～60%之间[91]。Azar等评估木基生物质生产甲醇的转化效率为60%[92]。上面提到的Värmlands甲醇工厂声称其效率为66%～72%，与天然气制甲醇的效率（64%～72%）相当，但该值可能不包括原材料预处理步骤，因此，保守估计，效率大约为60%。基于此可以计算出，生物质生产甲醇的能源需求为14.6GJ/t，天然气制甲醇的能源需求则为12.5GJ/t。在这个效率下，每吨甲醇需要2.6t干燥木材生物质作为原料[93]。

6.1.3　单位生物甲醇生产的二氧化碳减排量

根据不同的假设条件，生物甲醇生产中产生的CO_2排放估算值在文献中差异很大。一项德国的研究估计[94]，以短轮伐木浆为原料生产甲醇的排放量为0.64t CO_2/t甲醇，以森林残余物为原料生产甲醇的排放量为0.56t CO_2/t甲醇，以天然气为原料生产甲醇的排放量为0.84t CO_2/t甲醇。以较高的排放值为保守假设,这相当于0.2t CO_2/t甲醇的减排量或24%的CO_2减排量。另外,甲醇中的生物碳对应1.37t CO_2,所以可预测减排潜力为1.57t CO_2/t甲醇。

专栏4　生物质原料的碳足迹

与前几章讨论的化石原料和氢基原料工艺类似,基于生物质的工艺的CO_2排放量需要全生命周期的分析,即必须包括原材料生产。对于农业或林业生物质,包括种植、收获和运输等过程,对于剩余或废弃生物质,生命周期从供应源的工厂大门开始。生物质的全生命周期评价往往比较复杂,因为还受到地域和季节因素的影响。除了碳足迹外,还必须考虑土地使用的变化、生物多样性、水资源短缺等因素。在本书中,使用了来自不同研究的生命周期评价数据和欧盟联合研究中心的"从油井到油箱"报告。在尝试使用和推荐这些生命周期评价结果时,建议要谨慎。

在生物质为原料的产品生产过程中,目标产品中固存的生物质产生的碳通常被算作生产阶段的负排放。相对的,目标产品在使用寿命结束时燃烧产生的为正排放量。后者包含在"从油井到车轮"数据中,用于比较不同的燃料。

6.1.4　生物甲醇生产的经济性分析

对于基础化学品,原材料成本通常占生产成本的60%～70%。因此,与化石原料相比,生物质甲醇的生产成本主要由农业和林业生物质原材料相对较高的成本决定。

许多研究量化了生物质原材料生产甲醇的成本,从160欧元/t[95]到940欧元/t不等[96],很大程度上取决于工厂的设施和当地的条件,且存在规模效应，年生产能力较高的成本估算值较低。与木材相比，废弃物生产生物甲醇的生产成本略低，约每吨200～500欧元。

与最便宜的化石燃料生产甲醇相比，生物甲醇的生产成本至少高出1.5倍，单位产量的设备投资成本比天然气工厂的投资成本至少高3.4倍[97]。据估计，在能量输出相同的情况下，生物甲醇装置的价格是生物乙醇装置的1.8倍左右。

6.2 生物乙醇的生产（TRL 7~9）

尽管乙醇不是本书主要研究的石化产品，但生物乙醇的生产实际上是欧洲主要的可再生原料使用途径之一。而且，生物乙醇是合成生物乙烯的原料，也是主要的生物燃料，有助于本书研究低碳运输燃料的生产。

欧盟是世界上仅次于巴西和美国的第三大乙醇生产区[98]。2014年前，欧洲的乙醇产量高速增长，然而，2015年乙醇产量出现了下降，从2014年的69亿升降到了2015年的64亿升。因此，在情景研究中，使用了与石化产品相同的1%的年增长率。

第一代生物乙醇原材料为小麦、玉米、甘蔗和甜菜等农作物。在欧洲，37%的生物乙醇来自玉米，33%来自小麦，20%来自甜菜。由于原材料与食品存在竞争，第一代生物燃料受到越来越多的批评，欧洲委员会提议将第一代生物燃料的生产限制为所消耗运输能源的7%。以糖和淀粉为原料的生物乙醇的生产技术成熟度为9，而以木质纤维素生物质（第二代生物燃料）为原料的生物乙醇的生产技术成熟度为7。

6.2.1 生物乙醇生产过程

生物乙醇的生产过程基本为富糖生物质的发酵，然后进行蒸馏。基本流程图如图13所示。

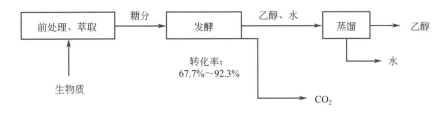

图13 生物乙醇生产示意图

生物乙醇生产过程的第一步为生物质预处理,即糖分的提取。甜菜(最常用的糖料作物)通过热提取和汽化提取来提取糖分。淀粉作物(例如小麦、玉米或其他谷物)的淀粉需要先水解成单糖(糖化)。将淀粉作物粉碎,然后将酶(例如淀粉酶)添加到碎屑中,从而将淀粉分解为糖。木质纤维素(农业和木材残留物、林业木材、短轮伐期的林木)和木质纤维素能源作物(能源草和芦苇)由于成分不同(如纤维素、半纤维素和木质素)而需要更复杂的预处理。蒸汽爆炸是一种常用的预处理方法,蒸汽爆炸先在短时间内使用高温高压蒸汽,随后进行快速减压的水热处理来破坏木质纤维素材料的结构。另一种方法是利用超临界二氧化碳使纤维素和半纤维素与木质素分离,并通过纤维素酶和半纤维素酶的酶促水解来糖化。普通酵母可以发酵六碳糖,而五碳糖则需要特定的微生物才能发酵。分离出的木质素经干燥后可以用作生产乙醇过程的燃料或者发电的燃料。

葡萄糖分解的反应方程式如下:

$$C_6H_{12}O_6 \longrightarrow 2\ C_2H_5OH + 2\ CO_2$$

发酵产生的是乙醇含量约为12%的水溶液,因为在12%的浓度点,乙醇会对酵母菌产生毒性,发酵停止。稀溶液通过蒸馏得到96%的乙醇。作为生物燃料,需要的是质量分数98.7%的乙醇,只能通过脱水除去剩余的共沸水。

6.2.2 单位生物乙醇生产的能源和原料需求

在能源需求方面,JRC出版的"从油井到车轮"报告对不同生物质原料进行了详细研究,包括种植、原料制备和乙醇生产。以甜菜为原料,能源消耗取决于工艺配置，稀释乙醇溶液过滤后的剩余纸浆和蒸馏残渣（"泔水"）可以分别用于发电和沼气生产。如果计入这些贡献，则"从油井到油箱"的能耗分别为 0.89MJ/MJ 乙醇或 23.85GJ/t 乙醇；如果不计入，则能耗为 1.42 MJ/MJ 乙醇或 38GJ/t 乙醇。在农业用地的杨树或柳树短轮伐期林业的基础上，生物质木材的木质纤维素已被使用。在这种情况下，需要 1.78MJ/MJ 乙醇或 47.7GJ/t 乙醇。相比之下，石脑油经乙烯生产乙醇和石脑油脱氢制乙醇的化石乙醇生产路线的能耗为 21.9GJ/t 乙醇。

按化学计量关系计算，51.1% 的葡萄糖转化为生物乙醇，这意味着生产 1t 乙醇至少需要 2.12t 葡萄糖。葡萄糖发酵是一个成熟的过程，乙醇产率可达 92.3%，总的生物质利用率为 47.2%[99]。以麦秸为原料，每克麦秸能产 0.29g 乙醇，转化率为 86%[100]，表明木质纤维原料的生物质利用率为 29%，即 6.75t 麦秸生产 1t 乙醇。对于木材则需要 6.05t。

现今的生物乙醇生产完全基于蔗糖和淀粉等生物质。本书的研究情景中，预计未来生产生物乙醇的原料将会转变为木质纤维素生物质。到 2050 年，木质纤维素生物质的份额将持续增加到 25%。

6.2.3 单位生物乙醇生产的二氧化碳减排量

以"从油井到油箱"的二氧化碳排放量[77]为参考，甜菜的 CO_2 排放量介于 16.2～38.6kg/GJ 乙醇（0.43～1.03t/t 乙醇）之间。不同工艺配置排放量不一样，例如是否考虑了纸浆和蒸馏残渣（"泔水"）用于发电和沼气生产。木材的 CO_2 排放量为 21.2kg/GJ 乙醇（0.57t/t 乙醇）。化石能源的碳排放量为 1.06t/t 乙醇，大约是最有效的生物质路线碳排放量的两倍。每吨生物乙醇中固存的生物碳相当于 1.91t CO_2。作为一种燃料，生物乙醇生产的碳足迹也必须与汽油生产进行比较，后者的 CO_2 排放量为 12.6kg/GJ 汽油，比生物乙醇生产的排放量低 41%。然而，汽油生产环节的低排放又被汽油作为燃料使用过程中的高排放人人抵消了。

6.2.4　生物乙醇部分替代汽油的二氧化碳减排量

欧洲EN228汽油规范允许的乙醇添加比例高达10%。高比例乙醇添加（如E85）只能用于特别设计可以使用此类燃料的车辆。对于汽油，"从油井到车轮"的二氧化碳排放量为87.1g CO_2/MJ。上述甜菜生产的乙醇，"从油井到车轮"过程的排放总量为17.8g CO_2/MJ，总计减排69.3g CO_2/MJ燃料。

6.2.5　生物乙醇生产的经济性分析

生物乙醇的生产成本很大程度上取决于生物质原料价格，生物质原料价格占乙醇最终价格的55%～80%。SenterNovem估算欧洲大型工厂的生物乙醇生产成本为0.50～0.55欧元/L（以甜菜为原料）、0.55～0.60欧元/L（以谷物为原料）和0.45～0.55欧元/L（以淀粉残余为原料）[101]。SenterNovem还根据当时的情况预计到2020年，以甜菜为原料的成本为0.45～0.50欧元/L，以谷物为原料的成本为0.50～0.55欧元/L，以淀粉残余为原料的成本为0.40～0.50欧元/L。

国际可再生能源署（IRENA）在2012年估算以木质纤维素生物质为原料生产生物乙醇的成本约为750美元/t或975欧元/t，相当于0.77欧元/L[102]。

6.3　生物乙烯的生产（TRL 8~9）

6.3.1　生物乙烯的生产过程

生物乙烯的生产以生物乙醇为原料，一般为6.2节讨论的工艺步骤的下游。最常见的工艺方案如图14所示。

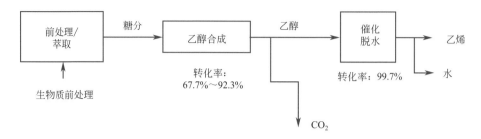

图14 生物乙烯生产过程示意图

以生物乙醇为原料，在300℃的固定床或流化床反应器中，乙醇通过氧化铝催化剂或硅铝催化剂脱水制备生物乙烯。随后需要气体分离以去除气体副产物，并需要在碱性条件下洗涤以去除氧化物。每吨生物乙烯需要1.74t（水合）乙醇[103]，转化率为99%，乙烯选择性为97%。该反应为吸热反应，每吨生物乙烯生产需要的最小理论能量为1.68GJ。

目前最大的生物乙烯生产国是巴西，欧洲也在发展。2014年，艾克森（Axens）、道达尔（Total）和法国国际石油研究院（IFP Energies Nouvelles）宣布了一项通过生物乙醇脱水生产生物乙烯的技术，命名为Atol™，可以生产聚合物级生物乙烯[104]。该工艺的专属催化剂显示出非常高的乙烯选择性，生产过程中不需要后续的碱处理步骤[105]。

谈及替代，必须提及生物质气化制备合成气，其次是甲醇生产和MTO（见6.1节）。但这一生产过程在CO_2减排方面并没有优势（与6.4.4节相比）。

6.3.2 单位生物乙烯生产的能源和原料需求

先生产生物乙醇再生产乙烯的整个工艺链，能源需求为85.5GJ/t乙烯，这与通过石脑油裂解制乙烯的能源需求（21.9GJ/t乙烯，包括初级原料生产）相比非常高。如果假设乙烯生产以木材为基础，则原料需求为10.5t/t乙烯。

6.3.3 单位生物乙烯生产的二氧化碳减排量

化石原料生产乙烯的CO_2排放量为1.15t CO_2/t乙烯（包括原料生产）。

对于生物乙烯的生产，必须考虑生物乙醇原料生产（包括生物质原料生产）的碳足迹和乙醇脱水过程产生的CO_2排放。如果使用木材生产乙醇，则每吨乙醇的CO_2排放量为0.57t（见6.2.4节）。由于生产每吨乙烯需要1.74t乙醇，生物乙醇的生产过程会产生大约1t CO_2/t乙烯。据估计，乙烯生产过程中至少排放0.2t CO_2/t，这使得该工艺的二氧化碳排放量相对接近于化石工艺的排放量。对于木材或废弃生物质，可以预期生物质路线的排放量会减少。产品中固存的生物碳按化学计量关系计算为负排放量，相当于3.14t CO_2/t乙烯。因此，与化石原料相比，可以减少的CO_2排放量为1.95 t CO_2/t乙烯。

强烈建议对生物乙烯生产的碳足迹进行个案逐个分析，因为碳足迹取决于所使用的生物质类型以及当地的生产设施、物流设施和基础设施。

6.3.4 生物乙烯生产的经济性分析

国际可再生能源署将生物乙烯在欧盟的生产成本量化为3250欧元[106]。生物质原料成本占生物乙醇生产成本的60%左右，生物乙醇成本约占生物乙烯生产成本的60%～75%。如果技术和经济条件成熟，利用木质纤维素生物质生产生物乙醇的成本约为975欧元/t乙醇，对应的生物乙烯生产成本为2250～2800欧元/t，在当前热化学生产路线的范围内，约为2500欧元/t。

6.4 生物丙烯的生产（TRL 6~7）

6.4.1 生物丙烯生产过程

通过生物乙烯可进一步生产生物丙烯。在巴西，Braskem宣布了一个规模为30000t/a的生物基聚丙烯生产厂[107]。生产工艺为两步法：乙烯二聚成1-丁烯，异构化生成2-丁烯；再与乙烯发生歧化反应生成丙烯。根据文献报道，已经研发出一种新型催化剂可以在未来实现一步法生成丙烯[108]。

对于乙烯，也可采用生物质气化、甲醇合成和MTO/MTP的路线（见6.1节）。

在较低的TRL情况下，还有其他的生产途径，例如：发酵生产丙醇或异丙醇，然后脱水[109]；再如Global Bioenergies所研究的直接发酵生产丙烯[110]；或（生物）乙醇由In_2O_3负载Sc催化剂催化转化为丙烯[111]。

6.4.2 单位生物丙烯生产的能源和原料需求

通过气化制甲醇的合成路线生产每吨甲醇需要2.6t干生物质。按照MTO路线的化学计量关系计算，生产每吨丙烯需要2.28t甲醇。因此，生物质总需求量至少为5.9t/t丙烯。不同工艺步骤的能源需求可以叠加，总计95.5GJ/t丙烯，其中90.5GJ用于合成所需的甲醇原料，5GJ/t HVC用于MTO生产。

第二条路线（二聚、异构化和随后的歧化反应）的能源需求是基于生物乙烯的化学计量需求估计的，因为没有关于工艺的特定能源需求和相关排放的进一步信息，估计相应的能源需求为130GJ/t丙烯。这可以看作是一个很好的近似值，因为能耗主要来自乙烯合成过程。

6.4.3 单位生物丙烯生产的二氧化碳减排量

对于工艺的能耗，碳足迹由不同步骤的排放组成。因此，整个工艺的二氧化碳排放量为1.86t CO_2/t丙烯，是通过石脑油蒸汽裂解的化石路线的2.5倍。固存的生物基碳相当于2.09t CO_2/t丙烯，稍微补偿了部分工艺的排放量，但收效甚微。因此，该工艺在节约能源和提高资源效率方面没有优势。

在二聚、异构化以及随后的歧化过程，将产生1.65t CO$_2$/t 丙烯的相关排放量，这也远高于0.76t CO$_2$/t 丙烯的化石路线排放量。

6.5 生物质为原料生产BTX

6.5.1 BTX的生产过程

以生物质为原料生产BTX主要有以下几个常规路线。最为成熟的路线就是生物质气化合成甲醇，由甲醇合成芳烃。图15为生产流程示意图：

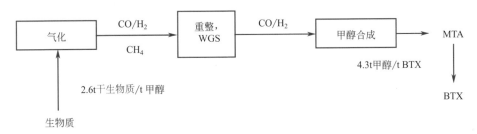

图15 生物质气化生产BTX示意图

在6.1节（生物质制甲醇）和4.6.2节（甲醇制芳烃）中已经分别描述了上述生产步骤和流程。

以生物乙醇制备的乙烯为原料生产对二甲苯（PX）的流程可分为4步：经铱催化三聚制备1-己烯、脱氢制备2,4-己二烯、与另一乙烯分子进行Diels-Alder加成、Pt催化脱氢合成对二甲苯。据文献报道，合成一个PX分子共需要5个乙烯分子，产率可达65%[112]。

只有在极低的TRL下才有一个看似简单的途径：木质素选择性降解从而释放所含的芳香结构。迄今为止，所有基于热解或氢化的尝试都未能产生技术上可行的工艺。所有提议的工艺路线的选择性都很低，产物的光谱非常宽[113]。

还有一种方法,有文献研究了木质纤维素生物质的快速热解,可得到较高的芳香族化合物产率。混合物含有不同的芳烃,主要成分为苯、甲苯和二甲苯(BTX)[114]。Anellotech公司和Kior公司正试图实施这一方案,但Kior公司声称该法目前尚无法实现商业规模的生产。Anellotech公司与Johnson Matthey公司、IFP Energies Nouvelles公司合作开发的工艺基于威斯康星大学麦迪逊分校G.W. Huber的研究结果,他的研究结果表明木材热解的芳烃产率可达20%(以碳含量计算)。

6.5.2 以生物质为原料生产单位BTX的能源和原料需求

根据能源需求和二氧化碳排放量对这两种合成路线进行了评估。如图15所示,通过气化制甲醇的合成路线需要2.6t干生物质/t甲醇,通过MTA路线合成BTX需要4.3t甲醇/t BTX。因此,合成BTX的生物质总需求量至少为11.2t/t BTX。不同步骤的能源需求具有可加性,总计72GJ/t BTX,其中67GJ/t BTX用于合成所需的甲醇原料,5GJ/t BTX用于MTA工艺。对于Diels-Alder工艺,需要2t乙烯/t PX,导致生物基工艺链的能量需求极高,为174GJ/t。与化石原料BTX生产的特定能源消耗(SEC)进行比较,后者约为7GJ/t HVC(见4.6.1节)。

6.5.3 以生物质为原料生产单位BTX的二氧化碳减排量

对于工艺的能耗,碳足迹由不同工艺步骤的排放组成。各工艺的二氧化碳排放量为:Diels-Alder路线为2.21t CO_2/t BTX,MTA路线为2.6t CO_2/t BTX。可以看出,生物质路线是化石路线(0.84t CO_2/t BTX)的2~3倍。因此,总体减排量将仅源自产品中固存的生物基碳,其总量为3.3t CO_2/t BTX,因此MTA路线的总碳足迹为-0.7t CO_2/t BTX。与化石路线相比,CO_2减排量为-1.54t CO_2/t BTX。

由于对能源和原料需求非常高,从能源和资源效率的角度来看,基于

6.5.1节所述的这两条路线的生物质制BTX均不是很有效。上述选择性木质素分解法和快速热解法的替代生产路线有待进一步研究。这可以被视为低碳化学品生产战略的一个高度优先发展方向，尤其在4.6.2节所述的氢基路线的能源需求也非常高的情况下。

6.6 不同生物质合成路线的对比

本节研究了使用多种可再生原料生产大体量化学品的途径，主要的结论见表23。

表23 不同生物质合成路线的对比

产品		所需能量 /GJ	所需生物质原材料 /t[①]	生产过程中CO_2的排放量 /t[②]	生物固碳固定的碳对应的CO_2量/t	成本/欧元	CO_2减排量	
							CO_2减排量/（kg/t生物质）	CO_2减排量/（kg/欧元）
化学产品	甲醇	14.6	2.6	-0.2	-1.37	200～500	600	3.1～7.8
	乙烯	85.5	10.5	+0.05	-3.1	2250～2800	290	1.1～1.3
	丙烯	95.5	5.9	+1.1	-2.09	2200～2500	170	0.4～0.45
	BTX	72	11.2	+1.76	-3.3	>3000	139	<0.46
燃料	生物乙醇	47.7	6.1	1.86（车用燃料排放）		975	305	1.9

① 以干木料计。
② 以化石工艺作参照。

根据上表结果，生物乙醇已被列为燃料。从生物质利用和经济性的角度来看，生物甲醇和生物乙醇是生物质利用中最有意义的利用途径。烯烃，尤其是多步合成途径的BTX合成，对生物质总量的需求非常大，尤其是从生物质合成的BTX显示出比化石工艺更高的相关排放量。主要原因是上述工艺对原料的需求量大，原料的利用效率相对较低。Nova的一篇论文将"生物质利用效率"（BUE）描述为根据反应物和目标生物基产品的分子量来描述最终产品中初始生物质占比的一种方法。例如，Nova总结出聚乙烯的BUE较低，为28.6%，因为乙烯分子不含氧。在这种情况下，生物质或最终糖的使用包括从糖结构中去除所有氧气（如二氧化碳），从而也消除了大量的碳。这实际上是包括本书所述石化产品在内的所有大型石化产品的情况。BUE也随着合成步骤的增多而降低。本书中描述的基于生物质的合成路线通常包括几个步骤。由此可以得出结论：利用生物质生产石油化工产品是一种低效的生物质利用方式，生物质利用效率普遍较低。考虑到可持续生产非粮生物质或废弃生物质利用途径的有限性和竞争性，这一事实便更为重要。6.7节对此进行了讨论。

通过生物质的专用合成路线维持原料分子的功能单元，例如富氧和碳酸化分子（如聚乳酸和琥珀酸）可实现更高的效率。生物质是一种有限供应的宝贵原材料，因此强烈建议加强这类路线的开发。对于复杂的生物精炼厂，情况可能会有所不同，其中不同的原料和产品可以更智能的方式组合。

6.7 可利用的生物质原料

根据第9章中描述的工作情景，未来生物质的可用性是很关键的，以便于通过以生物质为基础的生产路线确定合理的目标。许多研究报道了生物质的可用性。欧盟生物质未来项目中开发的"欧盟生物质地图集"作为一个全面的基础综述[115]确定了不同的生物质原料，并提供了一份数据清单，以量化和摸底技术上受限的生物质潜力。对于潜力的评估，该综述考虑了不同的可持续性标准，这些标准将限制生物质的未来供应；提供了"参考"和"可持续"两种情景，可持续性情景考虑了更严格的可持续性标准，例如温室效应缓解要求，包括间接对欧盟生物质种植引起的土地利用上的变化进行排放补偿。虽然该综述侧重于生物能源，但也与本书相关。表24概述了根据不同生物质类别预测的生物质的可利用量。

生物质潜力预计将增加，特别是在参考情景下，但在2020年至2030年期间将保持稳定。在可持续发展的情况下，受土地使用的限制，潜力甚至会下降。值得注意的是，废弃物的贡献预计将下降。

本书预计这一趋势将持续下去，预计2030年以后不会再有其他潜力，因为监管可能会加强，粮食竞争的压力也会增加。因此，预计欧洲生物质的利用量潜力为350～400Mt标准油。这也与Zeddies等人的研究一致[116]，后者比较了不同研究报告中的生物质潜力。预计到2050年，欧洲生物质的可利用量为15 EJ，相当于358 Mt标准油。

如第6章导言所述，可利用的生物质必须分配给各种相互竞争的使用途径。要考虑工作情景，要考虑生物质的可用性，以生物质利用的相对份额为目标函数。

表24 不同生物质种类所预测的生物质的可利用量[115]

单位：Mt

生物质种类	2005（基础）	2020（参考）	2020（可持续）	2030（参考）	2030（可持续）
废弃物	42	36	36	33	33
农业残余	89	106	106	106	106
轮种作物	9	17	0	20	0
多年生作物	0	58	52	49	37
景观木	9	15	11	12	11
圆木	57	56	56	56	56
额外丰收圆木	41	38	35	39	36
一级森林残余	20	41	19	42	19
二级森林残余	14	15	15	17	17
三级森林残余	32	45	45	38	38
总计	314	429	375	411	353

07
其他行业的气体排放和侧流的利用
（工业共生）

工业共生是指不同部门或企业之间交换材料、能源、水和副产品/废物的一种合作模式。通常，一个企业或部门的侧流可以被另一个企业或部门用作原材料或能源供应。

3.1节中强调的工业共生的一个要素是以电力为基础的加热和蒸汽生产环节，且以此作为电力部门的需求管理和服务。这项技术的快速响应时间使得可再生电力的间歇性剩余供应能够实现增值，从而提高了供电的灵活性。相应地，化工行业可以在低电价时期中受益。

前面已经提到的另一个因素是其他工业使化学生产造成的废气增值。第4章所述技术的特点是对氢气和二氧化碳作为原料的需求量很大。由于许多过程涉及合成气，因此，一氧化碳的来源也是很重要的考虑因素。

因此，本章旨在描述化学工业与其他过程工业的共生关系，在这种共生关系中，化学工业可以充分利用其他行业排放的氢气、一氧化碳和二氧化碳等副过程气流进行利用，实现增值。

7.1 二氧化碳的来源

在低碳化工生产中,二氧化碳的转化需要考虑许多工业来源。表25概述了具有典型数量和CO_2浓度的大型工业CO_2源。从碳捕集的角度来看,高浓度的碳源似乎最具吸引力,因为能源需求以及捕获成本取决于二氧化碳的浓度。

表25 大型工业二氧化碳源及关键参数

CO_2来源	欧盟可用总量/Mt[117]	单位产量/t①	来源气中的CO_2浓度（体积分数）/%
发电厂	1225	0.7~0.8	3~4；12~14（IGCC）
钢铁厂	110	1.2~1.5	14~27
水泥厂	114	0.6~1.0	15~33
化工厂	23（NH_3）	1.8	接近100

① 生产每千瓦时电能、每吨钢、每吨水泥与每吨氨气时的二氧化碳排放量。

由于不同工艺及其原料的特点与性质不同,目前大多数化学工艺,特别是通过合成气生产的工艺,排放二氧化碳的量都非常大。其中一些生产路线提供相对纯净的二氧化碳,这些来源应作为第一顺位予以估价。二氧化碳含量接近100%的工艺包括环氧乙烷、氨气的生产(后者通常直接利用CO_2进行后续尿素的生产)、天然气净化以及发酵工艺(例如生产生物乙醇)。其他工业来源包括钢铁厂和水泥厂,其排放的二氧化碳浓度相对较低,但通常仍高于火力发电厂烟气中的浓度。

依托低碳化学工艺生产的特定产品,其氢气和二氧化碳的供应需要有特定的原料流匹配。一般来说,烟道气可以作为二氧化碳源,这时需要对气流进行分离、净化和加压,以便在随后的工序中使用。二氧化碳流的大小将决定氢气生产的规模。表26概述了来自某些潜在二氧化碳源的二氧化碳流的典型规模、给定工艺的相应化学计量氢流和相应产品流。

表26 电转气（PtG）和电转液（PtL）
应用的典型二氧化碳源及其各自化学计量体积流量[118,119]

CO_2源	CO_2 体积流量 /(m³/h)	甲烷化		合成甲醇		用于费托合成	
		氢气流 /(m³/h)	CH_4 /(m³/h)	氢气流 /(m³/h)	CH_3OH /(t/h)	氢气流 /(m³/h)	$-CH_2-$ /(t/h)
沼气厂	500	2000	500	1500	0.7	1500	0.3
生物质气化	2100 (+1400 CO)	8400 (+4200)	2100 (+1400)	6300 (+2800)	2.8 (+1.8)	6300 (+2800)	1.2 (+0.8)
合成氨装置	30000	120000	30000	90000	39	90000	17
燃煤电站 （500MW, 930g/kWh）	240000	960000	240000	720000	314	720000	137

注：1. 标准条件（298.15 K；101300 Pa）。
2. 一个典型的碱电解烟囱产生740m³/h的氢气。

7.2 钢铁制造作为H_2、CO和CO_2/CO混合流的来源

钢铁制造业提供了H_2、CO或CO_2/CO混合流的来源，这对化学价值评估大有帮助。一些研究项目已经开始探索这种工业共生模式。例如，Carbon2Chem项目[120]旨在利用钢铁生产的排放物作为化工原料。

欧洲60%的钢铁是通过碱性氧气转炉（BOF）工艺生产的。在高炉（BF）中，生铁是用焦炭从铁矿石中提取出来的，形成的高炉煤气通常用于发电。高炉中的铁经过进一步精炼，在转炉中转化为钢。根据工厂的不同，20%～30%的废料被添加到这个过程中，主要是为了调节温度。

在这条高炉-转炉路线中，工艺气体在焦化厂、高炉和转炉中产生。这些废气通常被回收并用于发电和产生蒸汽。因此，欧洲一体化钢铁厂大多包括一个发电厂。这条路线避免了有毒一氧化碳的排放，并使钢铁厂在电力方

面自给自足。然而,与现代燃气发电厂高达60%的效率相比,这种发电厂效率还很低,发电效率分别为30%和40%。

表27为钢铁生产废气的典型参数。到目前为止,高炉煤气的体积流量最高。但有趣的是,转炉煤气CO浓度高,而焦化厂煤气的特点是氢含量高。欧洲钢铁生产的这些气体的可用性已经通过所列出的浓度进行了估算,并根据欧洲通过氧气途径生产的粗钢(2015年为101Mt)进行了推算[121]。由此得出的数值可用于计算相应的甲醇量。很明显,钢铁工业的废气将为化学制造业提供巨大的潜力。氢气足以供应2Mt甲醇的生产,相当于欧洲2050年的预期产量(仅用于化学品,低碳途径不含甲醇)。实际上,一氧化碳的利用潜力非常大,每年可为超过50Mt甲醇提供足够的碳。

表27 钢铁生产废气成分和化工生产潜力

项目	CP	BF	BOF
体积/(m^3/t)	150	1500	75
CO体积分数/%	6.8	22	70
欧洲CO量/Mt	0.6	37.8	10.8
相当于甲醇的量/Mt	0.7	43	12.3
H_2体积分数/%	61	2	1.5
欧洲H_2量/Mt	0.38	0.25	0.02
相当于甲醇的量/Mt	2	1.3	0.1
CO_2体积分数/%	1.7	22	13.5
欧洲CO_2量/Mt	0.3	64.2	3.6
相当于甲醇的量/Mt	0.2	47	2.6

很明显,一方面,钢铁工业用工艺氢发电;另一方面,化学工业用电制氢并不构成对能源和原料的最有效利用。将能源和原料流扩大到单个部门的界区之外,可以创造巨大的效率和二氧化碳减排潜力。然而,确定能够利用这些潜力的商业模式和合同框架将是一项巨大的工作。例如,对于所描述的用于化工

生产的钢铁工业的烟气流，需要向钢铁部门的额外电力需求给予合理补偿。还必须指出的是，在这种耦合生产的基础上，各部门之间产生了更强的依赖性。

7.2.1 钢铁生产中的废气用于乙醇生产

Lanzatech公司[122]开发了一条利用产乙酰微生物（自动乙醇芽孢杆菌）在气体发酵过程中利用高炉煤气中的CO生产乙醇的途径。结合6.3节中描述的后续乙醇转化为乙烯的过程，这一过程可以作为生产乙烯的替代途径。

钢厂煤气中含有CO、CO_2和H_2的混合物，经过净化后送入发酵反应器，转化为乙醇。自2008年以来，该工艺已在试点规模（50～100kg/d）上进行了示范，使用的是来自新西兰格伦布鲁克BlueScope钢厂的废烟气流。在上海宝钢已经实现了$16m^3$的转炉（相当于300t/a）的产量。第二个利用钢厂废气的预商业化项目正在北京附近的首钢公司运行。

ArcelorMittal已于2012年开始与Lanzatech合作，专注于5Mt综合工厂的乙醇生产率提高和技术升级。此外，Steelanol项目[123]计划进一步扩大规模，在根特港建立一个示范工厂，每年生产47kt乙醇。这将把技术成熟度从5提高到7。

LanzaTech的专利中，微生物通过利用其内部的生物水气转换反应来弥补氢的不足，从而使该工艺可以在无氢的CO气流中运行[124]。在这种情况下，CO和水生成乙醇的化学反应方程式如下：

$$6\ CO + 3\ H_2O \longrightarrow CH_3CH_2OH + 4\ CO_2$$

当CO作为唯一的基质碳源时，来自CO的三分之一的碳可以转化为乙醇，剩下的以CO_2的形式释放出来。然而，随着氢气利用率的增加，乙醇的产量增加。理论上，在含有CO和H_2（比例为1∶1）的发酵基质气体中，三分之二的CO可转化为乙醇，如下所示：

$$6\ H_2 + 6\ CO \longrightarrow 2CH_3CH_2OH + 2\ CO_2$$

表28总结了发酵过程中产生的CO和H_2的化学计量需求量以及相应的CO_2排放量。

表28 钢醇工艺:发酵过程中产生的CO、H_2及相应的CO_2的化学计量需求量

气体种类	CO需求量 /(t/t乙醇)	H_2需求量 /(t/t乙醇)	CO_2生成量 /(t/t乙醇)
纯CO	3.65	0	3.82
CO:H_2=1:1	3.65	0.263	1.91

最近的一项生命周期评估[125]研究了气体发酵生产乙醇的不同工艺配置,包括BOF气的使用。LCA显示,该工艺的温室气体净排放量为31.4g CO_2当量/MJ乙醇或0.84t CO_2当量/t乙醇(从油井到车轮),与汽油相比相当于减少67%的排放量。然而,LCA假设,在此工艺中使用的BOF气在释放到大气中之前会被燃烧掉,所有的碳都被氧化成二氧化碳。该研究的作者认为,在欧洲,大约25%的转炉炼钢厂的气体被直接燃烧,而不是用于供热或发电,而且这一比例在全球范围内要高得多。然而,对于大量使用转炉煤气的欧洲钢铁厂来说,替代燃烧被认为是无效的。在上述LCA中,按每吨BOF气含324kg碳计算,该工艺已分配1.19t CO_2/t BOF气的排放量。不燃烧BOF气所避免的温室气体排放与生物反应器排放气体导致的温室气体排放相加后的净值相当于2.12t CO_2当量/t乙醇。如果不考虑这一净值,生产乙醇所产生的碳足迹将不再有利。这说明LCA需要采用适当的方法和边界条件,包括对替代原料流的现有估值。

7.3 其他工业共生

本书所描述的工业共生要素仅涉及选定的协同效应,就本书范围而言,这些协同效应是显而易见的。在这方面,炼油厂、沼气厂和垃圾焚烧厂的其他废气流也可以考虑在内。此外,跨部门甚至跨工业、跨城市使用的余热和水也构成了重要的工业共生元素,但在这里没有涉及。

08
循环利用的概念及用聚合物废料作为化工原料

作为循环经济概念的一部分，聚合物和聚合物废料作为原料被回收的影响被考虑在内。使用这些"二次原料"可以比从头合成的能耗更低，并减少一次原料的消耗量。

埃森哲提供的一份研究报告[126]描述了工业向循环经济转型（即化工产品和材料的回收和再利用）的潜力，埃森哲称之为"循环分子"。这一概念包括五个循环思路，根据埃森哲的估计，这将使欧洲化学工业提供的分子中多达70%参与循环：

- 思路1：基于可再生原料的循环。
- 思路2：基于增加对化工产品重复利用的循环。
- 思路3：基于分子再利用的循环（机械循环）。
- 思路4：基于分子改性和前体再利用的循环（化学循环）。
- 思路5：基于能量回收和二氧化碳再利用的循环。

思路1基本上已被本书所涵盖。至于其他思路，这里给出的顺序清楚地描述了首选选项的层次结构。化工产品的直接再利用（思路2），例如已经实践的PET瓶的再利用,显然比其后的循环选择更可取。埃森哲估计,18%(19Mt)的化工产品可以被重复使用。这一循环有效地减少了对新聚合物产品的需求,其产量也将相应减少(预计2050年乙烯和丙烯的产量将分别为33.5Mt和17Mt)。思路3要求重复使用材料而不是产品。从汽车和包装中回收塑料材料就是一个例子。这需要大量的后勤和技术型基础设施来收集、分类、清洁和再加工重复使用的材料。埃森哲估计,欧洲化工产品的潜力为28%(30Mt)。但也指出,回收过程需要消耗18Mt的能源,占当今欧洲化工行业能源消耗的34%。思路4,化学循环,包括使用化学产品作为二次原料,从而取代其他原料。埃森哲指出,催化裂化和等离子体气化是这方面的关键技术,并预计将有10Mt分子的长期潜力。思路5是指燃烧废塑料以回收能源并利用以此产生的二氧化碳。本书涵盖了循环5方面的部分内容。埃森哲估计,通过这种方式再循环的分子有9Mt。

表29总结了埃森哲提供的假设。埃森哲提供的不同循环途径的能源需求可与本书所述的低碳合成路线(通过氢气和二氧化碳)"从头"生产相应数量聚合物的能源需求进行比较。如表29最后一栏所示,聚合物的回收虽然消耗能源,但与"从头"合成相比,在总能源消耗方面仍然是有优势的。能源需求的相应减少归因于产品再利用以及基于回收原材料的过程的能源需求的减少。表29假设了一个低碳生产情景,对以氢气/二氧化碳为基础的能耗进行了计算。

表29 埃森哲预计的回收循环(再循环)的
影响以及对乙烯和丙烯低碳生产和相关能源消耗的影响

思路	埃森哲对循环利用潜力及相应能源需求的估算	2050年相应的烯烃减产量	烯烃生产能源需求相应的减少量
产品再利用	18%被再利用:19 Mt	减产18%的烯烃:9 Mt(18%)	20.8 Mt标准油

续表

思路	埃森哲对循环利用潜力及相应能源需求的估算	2050年相应的烯烃减产量	烯烃生产能源需求相应的减少量
分子再利用（机械循环）	目前，塑料产量为5Mt，可增至29.5 Mt（占化学品总产量的28%）；收集、分类、清洁和再加工需要18 Mt标准油	减产28%的烯烃：14Mt	23.0Mt标准油
分子改性和前体再利用（化学循环）	催化裂化和等离子气化，9.6Mt（占化学品总产量的9%）；需要4Mt标准油	减产9%的烯烃：4.5Mt	8Mt标准油
能量回收与二氧化碳再利用	9Mt（占化学品总产量的8.5%）；需要9Mt标准油	减产8.5%的烯烃：4.3Mt	5.3Mt标准油
总计			57.1Mt标准油

注：由"从头"合成（CO_2/H_2路线）的能源需求减去循环利用的能源需求计算得出。

由表29可见，总节能量将达到57.1Mt标准油或663TWh的低碳电力。埃森哲的研究没有量化对二氧化碳排放的影响。因此，聚合物废物流的回收并未纳入本书的二氧化碳减排方案。需要对各个循环回路进行彻底的生命周期调查，包括特定产品或价值链的收集、分类、清洁和再加工的能源需求和碳足迹。

本书侧重于"从头"开始的生产过程。较高的回收率会影响本书的总体结论，因为它们会对新生聚合物的需求产生直接影响，从而减少对单体和前体（如甲醇）的需求。未来的研究应该结合低碳"从头"合成和不同的回收方案这两个方面。此外，还应考虑与替代使用方案进行比较，如城市垃圾焚烧中回收的能量可在水泥工业中用作二次燃料。

09 描述低碳化学工业的4个情景

前面的章节为后续的场景研究提供了数据基础。必须强调的是，以下情景并不一定反映将来，它们仅仅描述了定量CO_2减排潜力、能源和原料需求以及基于大量假设的投资和生产成本方面的可能影响。第1.2.3和1.3节描述了不同的情景和基本假设。本章还介绍了其他假设，例如实现某些技术途径的雄心方案。附录2概述了所有情景的目标。

9.1 "一切照旧"情景

"一切照旧"情景（BAU）从能源需求和温室气体排放方面推断了化学工业在2015年的状况，假定这些领域不会通过实施新技术和增效措施得到进一步改善。从这个意义上说，"一切照旧"情景假定当前技术处于"冻结"状态，其影响完全取决于产量的变化。这一刻意设定的基准显然不能反映现实，即欧洲化学工业正在不断提高现有生产装置的能效。"一切照旧"情景仅包括化学工业对9个大宗产品的调查。这里不涉及燃料行业，因为在此情景下，化工行业并没有为运输行业提供低碳的机会。

9.1.1 化学品产量

作为基本假设,本书假设欧洲化学工业以每年1%的增长率持续供应产品和材料。化学品生产的区域改变或生产转移到欧洲以外的其他区域(异地化)不在研究范围内。根据这一假设,调查的9种大宗化学品和尿素的预期产量如图16所示。图中显示出产量将从2015年的100Mt稳步增长到2050年的140Mt。

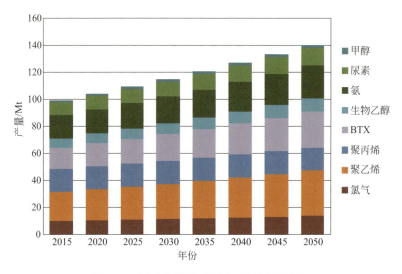

图16　9种大宗化学品及尿素在欧洲的预期产量

9.1.2 二氧化碳排放量

图17描述了"一切照旧"情景下的二氧化碳排放量(按照2015年的排放系数计算)。正如预期的那样,排放量将随产量成比例增加,从85%增加到119%。为了保持"一切照旧"情景的一致性,还假设电力部门在脱碳方面没有进一步的进展,因此生产氯的排放量也相应增加(因为基于电力的生产工艺是氯唯一的生产工艺)。

如本章导言中所述,"一切照旧"情景中不包括效率措施。需要再次指出的是,"一切照旧"情景作为基准情景并未考虑化工行业正在努力减少现有生产装置的能源强度。如2.5节所述，如果在包括能源效率在内的"一切照旧"情景中考虑到能源效率措施，则必须按表30所示的数字减少"一切照旧"情景中CO_2排放量。

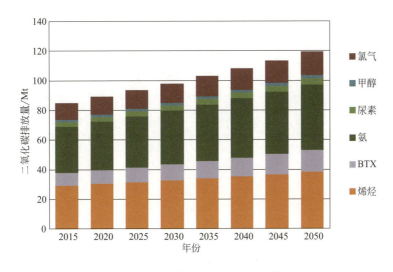

图17 "一切照旧"情景下的二氧化碳排放量

表30 在包括能源效率在内的"一切照旧"情景中，增效措施对二氧化碳排放的影响

效率措施的影响	2015	2020	2025	2030	2035	2040	2045	2050
CO_2减排量/Mt CO_2	—	1.93	3.86	5.71	7.55	9.60	11.88	14.34

9.2 最大情景

最大情景描述了上限，假设前几章描述的所有新技术均被100%应用。由于以氢和生物质为基础的工艺具有竞争性，因此两种路径均被假定了一个任意份额。由于具有较强的二氧化碳减排潜力和人们对生物质有限可用性的担忧（见6.7节），以氢为基础的途径受到青睐。到2050年，氢和生物质途径的总产量为100%。甲醇和烯烃生产就是这种情况，甲醇在汽油中的份额

和在生物乙醇中的份额是互补的，加起来是100%。

为了实现这一目标，假设现有化学品产能的更新率为2.85%/年，到2050年，新的生产设施将达到100%。同样，电力蒸汽发电和蒸汽再压缩的部署被认为将在2025年之后取得巨大进展，到2050年达到100%。表31对最大情景的设想目标进行了总结。

表31 最大情景的设想目标下所占份额

项目	2015	2020	2025	2030	2035	2040	2045	2050
氢基甲醇厂	0%	5%	10%	20%	40%	60%	75%	85%
汽油中的甲醇	0%	5%	10%	20%	30%	45%	70%	96.5%
合成航空煤油	0%	5%	10%	20%	30%	45%	70%	100%
合成柴油	0%	5%	10%	20%	30%	45%	70%	100%
生物乙醇	0%	0.6%	0.8%	1.0%	1.3%	1.8%	2.7%	3.5%
通过氢基甲醇合成的烯烃	0%	5%	10%	20%	30%	50%	70%	85%
通过氢基甲醇合成的BTX	0%	5%	10%	20%	30%	45%	70%	100%
生物基甲醇	0%	1%	2%	3%	4%	5%	10%	15%
生物基烯烃	0%	1%	2%	3%	4%	5%	10%	15%
工厂更新率[①]	0%	14%	29%	43%	57%	71%	86%	100%
电力蒸汽发电和蒸汽再压缩	0%	2%	5%	15%	30%	50%	70%	100%
效率措施	每年0.56%							

① 每年工厂更新率为2.85%，至2050年更新率达到100%。

9.2.1 产量

基于上述假设得出的产量如图18所示，化学品产量见图18（a），化学品和燃料（表31中的灰底部分）的总产量见图18（b）。

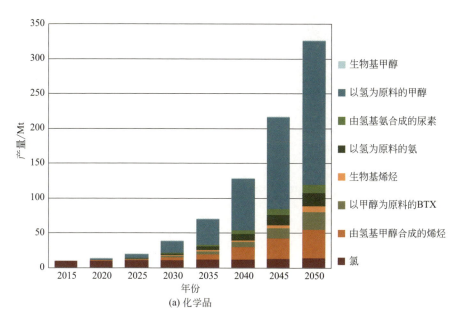

(a) 化学品

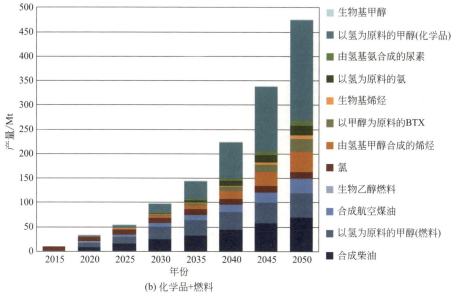

(b) 化学品+燃料

图18 最大情景下的产品产量

最大情景下，影响产量的一个非常主要的因素是用于生产化学品的大量低碳甲醇的生产，因为该情景假设乙烯和丙烯以及所有BTX将主要通过甲醇生产。与化学品产量相比，合成燃料的产量似乎相对较低，总共为

150Mt。其原因是根据IEA 2015欧洲技术展望的2℃模型预测，运输燃料将大幅减少。柴油、汽油和喷气燃料的总消耗量预计将从目前的14000PJ降至2050年的5300PJ。

9.2.2 二氧化碳减排量

图19描述了本书所述技术的最大CO_2减排潜力。对于化学品[图19(a)]来说，2050年潜在的二氧化碳减排量为210Mt，这实际上将比"一切照旧"情景假设的排放量高出76%。这是由于一些产品的碳足迹为负，其中包括二氧化碳和生物质。对于合成燃料，其减排潜力更大，达到288Mt。加起来，化学品和燃料的减排潜力为498Mt，是化工行业2050年自身"一切照旧"情景排放量的420%。在最大情景下，采取效率措施的影响极低，因为该情景假设可以完全替代现有的工厂产能。基于电力的蒸汽产量在2050年将达到20Mt。

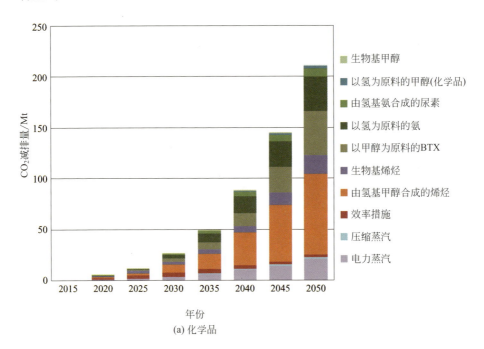

(a) 化学品

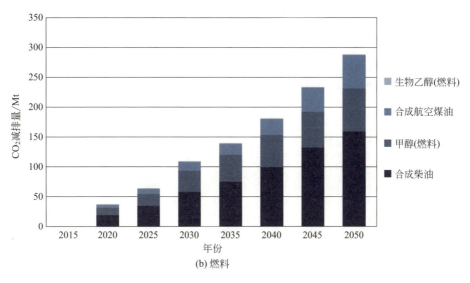

图19 最大情景下的二氧化碳减排潜力

所有情景下的能源和资源需求（如二氧化碳和生物质需求）将在第10章中讨论，因为这有助于比较不同雄心的影响。

9.3 中间方案

中间方案假设了一个通过效率措施部署和缓慢启动而稳步增加的突破性技术部署，来不断提高流程效率的情景。到2050年，电力蒸汽发电和蒸汽再压缩技术将全面实施，因为这些技术相对容易实施，而且在当前框架条件下，在经济上是可行的。通过对现有工厂进行改造和优化，不断实施节能措施。需要采取政策措施支持增加生物燃料配额，其中也包括二氧化碳的合成燃料。对于化工生产，必须采取政策措施，鼓励投资，缩小与已建立的以化石原料为基础的工艺相比的经济差距。假设现有化工生产能力每年有1%的更新率，到2050年，新的生产设施将占35%。总而言之，这种情况并不容易实现。它已经包括了雄心勃勃的目标，例如在工厂更新率方面，已经超过了目前的水平。表32总结了中间方案的设想目标，尽管这是本书所描述的方案中最保守的一种，但仍然算得上是雄心勃勃的设想。

表32　中间方案的设想目标下所占份额

项目	2015	2020	2025	2030	2035	2040	2045	2050
氢基甲醇厂	0%	1%	2.5%	5%	7.5%	15%	23%	30%
汽油中的甲醇	0%	1%	2.5%	5%	7.5%	10%	15%	20%
合成航空煤油	0%	0.5%	1.0%	2.5%	5%	7.5%	10%	15%
合成柴油	0%	0.5%	10%	2.5%	5%	7.5%	10%	15%
生物乙醇	0%	0.6%	0.8%	1%	1.3%	1.8%	2.7%	3.5%
通过氢基甲醇合成的烯烃	0%	1%	3%	5%	8%	15%	23%	30%
通过氢基甲醇合成的BTX	0%	1%	3%	5%	8%	15%	23%	30%
生物基甲醇	0%	1%	2%	3%	4%	5%	5%	5%
生物基烯烃	0%	1%	2%	3%	4%	5%	6%	7%
工厂更新率①	0%	5%	10%	15%	20%	25%	30%	35%
电力蒸汽发电和蒸汽再压缩	0%	2%	5%	15%	30%	50%	70%	100%
效率措施	每年0.56%							

① 每年工厂更新率为1%，至2050年更新率达到35%。

9.3.1　低碳产量

基于这些假设得出的产量如图20所示，化学品的低碳产量见图20（a），化学品和燃料（表32中的灰底部分）的低碳产量见图20（b）。

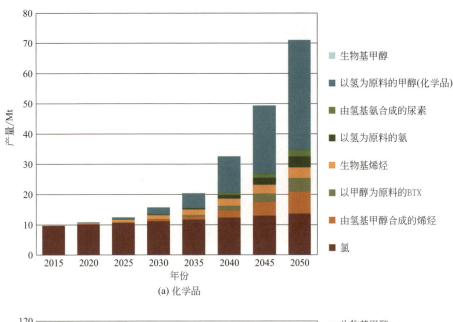

(a) 化学品

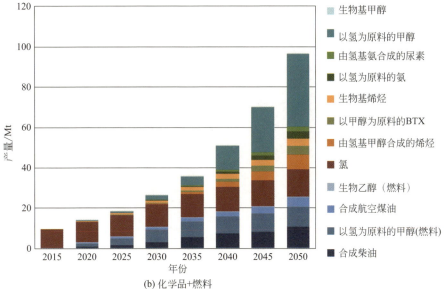

(b) 化学品+燃料

图20 中间方案的低碳产量

图20中的产量仅显示了低碳生产技术的产量。"一切照旧"情景中描述的剩余生产需求仍需由化石原料工艺来满足。在最大情景下,由于甲醇是生产低碳乙烯和丙烯以及通过甲醇生产BTX的基础,因此低碳甲醇的产量正

在强劲增长，到2050年将达到这些化学品总产量的30%。如今，氯已经占据了生产总量的很大一部分，因为氯的总产量已经包括在内，不需要技术上的改变。合成燃料生产在中间方案中仍然相对温和。

9.3.2 二氧化碳减排量

图21显示了中间方案下的二氧化碳减排潜力。就化学工业而言，二氧化碳排放量减少了70Mt。这大致相当于减少了2050年化学工业二氧化碳预计排放量的59%。由于在中间方案下已经假设将全面部署用电制蒸汽技术，因此在该情景下电力蒸汽将产生很大的影响。总体来说，表32中描述的目标不足以实现到2050年欧洲化工行业80%至95%的二氧化碳减排目标。对于合成燃料而言，根据《国际贸易法》，可实现47Mt的减排量。加起来，总共实现了117Mt的减排量，是"一切照旧"情景下化工行业自身排放量的98%。

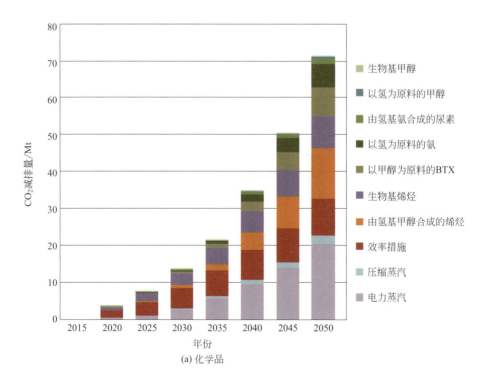

(a) 化学品

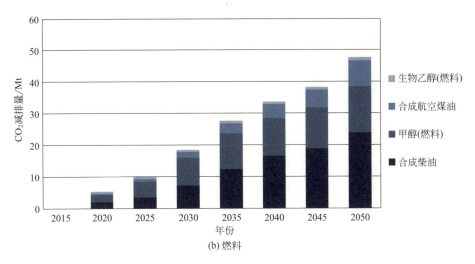

(b) 燃料

图21 中间方案下的二氧化碳减排潜力

所有情景下的能源和资源需求（如二氧化碳和生物质需求）将在第10章讨论，因为这有助于比较不同雄心的影响。

9.4 雄心方案

雄心方案被认为是非常雄心勃勃的，但仍远低于最大情景。到2050年，低碳化学品生产的份额将提高到50%，这需要强有力的社会和政策支持，包括财政激励措施，高到足以使低碳技术在经济上具有竞争力，安全到足以刺激对这些技术的大量投资以支持化石原料的替代。到2050年，可再生（包括二氧化碳基）燃料的份额将增加到40%，这将得到充分的燃料政策的支持，并对燃料生产者和消费者给予必要激励。落实节能措施，到2050年全面部署电力蒸汽发电和蒸汽再回收。老厂的更新率已从每年1%提高到1.5%，使采取最佳实践技术水平的生产装置替代老厂的比例达到50%。在高效率的研究和创新工作的支持下，力争尽快实现5000t/a左右规模的示范项目。同时，与其他流程工业建立战略联盟，以评估工业共生潜力。表33总结了雄心方案的设想目标。

表33　雄心方案的设想目标下所占份额

项目	2015	2020	2025	2030	2035	2040	2045	2050
氢基甲醇厂	0%	1%	5%	10%	15%	20%	30%	50%
汽油中的甲醇	0%	1%	5%	10%	15%	20%	30%	36.5%
合成航空煤油	0%	1%	5%	10%	15%	20%	30%	40%
合成柴油	0%	1%	5%	10%	15%	20%	30%	40%
生物乙醇	0%	0.6%	0.8%	1%	1.3%	1.8%	2.7%	3.5%
通过氢基甲醇合成的烯烃	0%	1%	5%	10%	15%	20%	30%	50%
通过氢基甲醇合成的BTX	0%	1%	5%	10%	15%	20%	30%	50%
生物基甲醇	0%	1%	2%	3%	4%	5%	7.5%	10%
生物基烯烃	0%	1%	2%	3%	4%	5%	7.5%	10%
工厂更新率[①]	0%	8%	0%	8%	0%	8%	0%	8%
电力蒸汽发电和蒸汽再压缩	0%	2%	5%	15%	30%	50%	70%	100%
效率措施	每年0.56%							

① 每年工厂更新率为1.5%,至2050年更新率达到53%。

9.4.1　低碳产量

基于这些假设得出的产量如图22所示,化学品的低碳产量见图22（a）,化学品和燃料（表33中的灰底部分）的总产量见图22（b）。

图22仅显示了低碳生产技术的产量。"一切照旧"情景中描述的剩余生产需求仍需由化石原料工艺来满足。在最大情景下,低碳甲醇产量非常高,为74Mt,为低碳乙烯、丙烯和BTX生产提供原料。到2050年,化学品总产量将达到130Mt。在雄心方案中,2050年的燃料产量将达到60Mt。

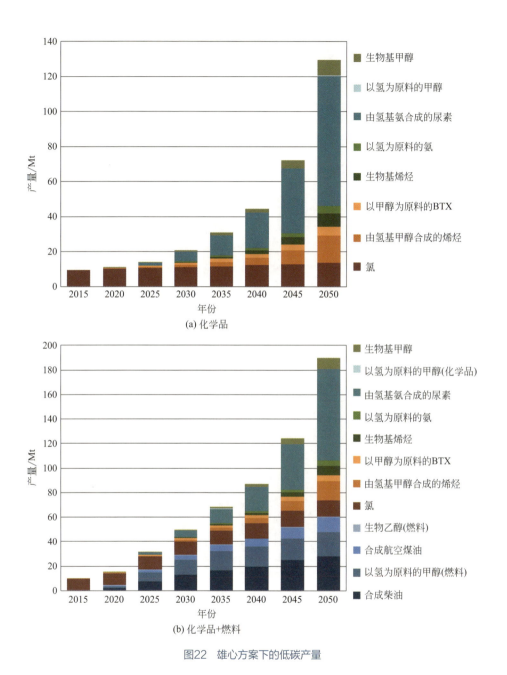

图22 雄心方案下的低碳产量

9.4.2 二氧化碳减排量

图23显示了雄心方案下的CO_2减排潜力。仅就化学工业而言[图23

(a)]，2050年的CO_2减排量为101Mt，相当于"一切照旧"情景下排放量的84%。到2050年，欧洲化工行业的二氧化碳减排目标为80%～95%。

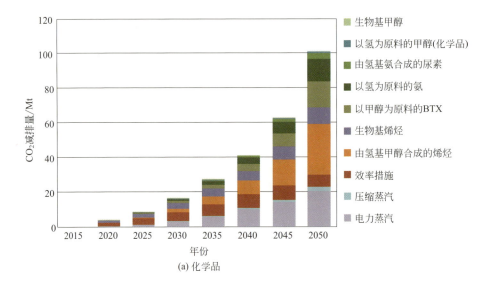

(a) 化学品

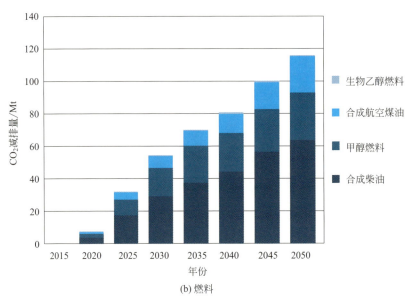

(b) 燃料

图23 雄心方案下的二氧化碳减排潜力

就燃料而言[图23（b）]，实现了115Mt的CO_2减排量。加起来，到2050年，CO_2的潜在减排量为216Mt，比化工行业的"一切照旧"情景排放量高出80%。与中间方案相比,采取能源增效措施对减排潜力的影响较小,因为相当大一部分电厂采取了低碳技术,而不是翻新。到2050年,以电力为基础的蒸汽将实现20Mt的减排量,仍将产生较大的影响。

所有情景下的能源和资源需求(如二氧化碳和生物质需求)将在第10章讨论,因为这有助于比较不同目标的影响。

9.5 不同方案的产量和二氧化碳减排量汇总

在比较最大情景(Max)、雄心方案(Amb)和中间方案(Interm)三种方案对能源和原料需求的影响之前,我们从能源和原料需求方面对第9章的结果进行了简要概述。图24描述了三种情景下的低碳生产情况。

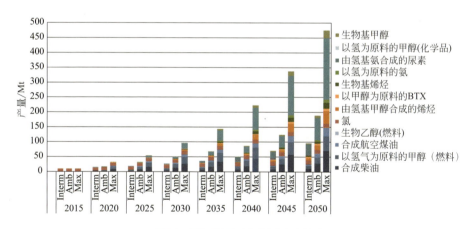

图24 所有情景下低碳技术生产情况

图25总结了三种情景下化学品生产和燃料生产的二氧化碳减排量。通过对比可看出,燃料的影响相对更强,这是由于与它们所替代的化石燃料相比,低碳燃料的排放量相对较低。需要提醒的是,燃料的二氧化碳减排是基于"从油井到车轮"的排放,因此也包括了使用阶段。这与只考虑生产(包括原料生产)的化学品不同。

循环经济的额外影响(见第8章)是可以预期的,但由于缺乏第8章所述不同循环概念或循环的碳足迹数据，因此无法量化。对于工业共生（见第7章），需要调查特定的场景，以便评估废气流的二氧化碳足迹，例如在化学转化之前的净化需求。

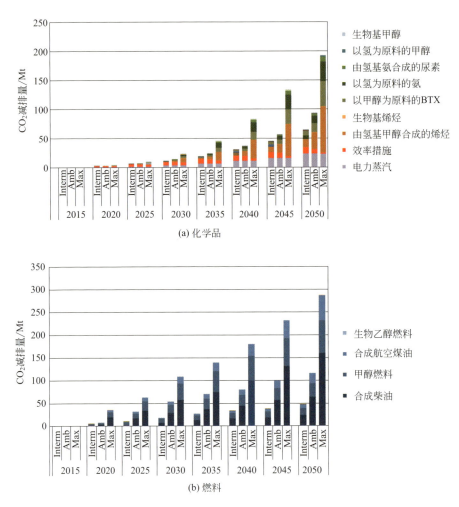

图25 所有情景下的二氧化碳减排量

10 不同情景下的能源和原料需求

10.1 对"无碳电力"的需求

第4章所描述的技术需要大量"无碳电力"。根据现有的几项关于可再生氢能和化学品生产的生命周期评估研究，本书得出结论认为，如果使用目前的欧洲电力结构，实施以电力为基础的生产，将不会获得积极的二氧化碳减排效果。使用"无碳"电力是先决条件。因此，必须比较这三种情景的目标是否以及如何与预计的无碳电力供应相匹配。

图26描绘了不同的氢基技术对无碳电力的综合需求，生物质路线没有包括在内。图中绿色点代表了根据国际能源署2015年能源展望2℃模型预测，欧洲可获得的低碳电力。根据该模型，可再生能源（风能、光伏、CSP、水电、地热、生物质和废弃物）及核能的总发电量已被使用。

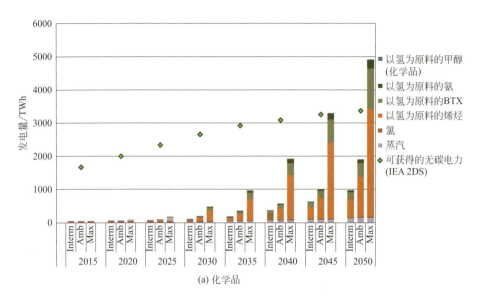

(a) 化学品

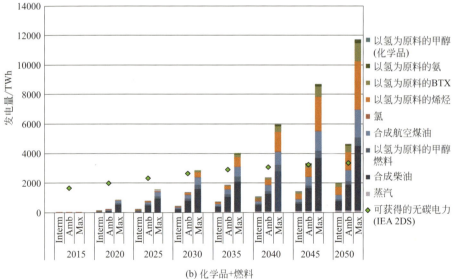

(b) 化学品+燃料

图26 所有情景中氢基路径的"无碳电力"需求

主要结论如下：

🌱 最大情景要求在2045年所有可用的低碳电力仅用于化学品生产。到2050年，电力需求将达4900TWh，这是预期低碳电力供应量的140%。如果把燃料包括在内，电力需求将增加到11700TWh，即为预期可用供应量的

350%。

- 在雄心方案中，到2050年化学品生产将消耗1900TWh的低碳电力，占预期可用供应量的56%。若包括燃料在内，电量需求将达到4600TWh，比预期可用低碳电力供应量高出37%。

- 在最保守的中间方案中，仅用于化学品生产的低碳电力仍将需要960TWh，占预期可用供应量的29%。如果包括燃料在内，电量需求将达2000TWh，占预期可用供应量的59%。需要再次指出的是，中间方案仅考虑了化学品的生产，预计到2050年，化学工业的二氧化碳排放量将减少54%。

很明显，低碳电力的可获得性将成为部署氢基化学品生产技术的关键瓶颈。这种可获得性的限制甚至更为严重，因为用于计算这些电量的国际能源署2℃方案中已经包括了可再生能源发电中相对较强的容量扩展。因此，化工行业的碳中和在很大程度上依赖于更加有力地扩展低碳发电能力，至少是国际能源署预期水平的2倍。届时化工行业将要求增加100%的产能。

但必须强调的是，以电力为基础的低碳途径的高能耗需求很大一部分可归因于这样一个事实，即目标产品仅由水和二氧化碳构成，因此不能从替代化石原料工艺过程中使用的高能量中获利。因此，应该根据总能源需求量来讨论能源消耗量，即在化石原料工艺过程中，包括目标产品中原料的能源含量。

表34提供了化石路线与低碳路线的对比。由于甲醇是直接由氢和二氧化碳合成的，因此低碳工艺与化石工艺之间的能量差距最小。后面的产品（烯烃和BTX）需要第二个合成步骤，其中每吨烯烃或BTX分别需要2.3t或者4.3t甲醇作为前驱物。

一般来说，所描述的低碳工艺并不节能，但在定义的系统中可以减少碳排放。这也意味着无碳能源对其他系统有着更大的影响。然而，就最具（成本）效益的减排而言，为低碳电力提供不同使用方案选择的优先次序不在本书研究范围之内。

表34 化石工艺与以电力为基础的低碳工艺所需要的能源总需求对比

产品	能源总需求/GJ	
	化石工艺（包括原料在内）	低碳工艺（通过氢气和二氧化碳合成）
甲醇	37.5	41.7
乙烯	63.6	95.5
丙烯	62.3	95.5
苯	48	176

如第8章所述，使用回收的聚合物废弃物作为原料，可减少聚合物从头合成以及随后单体和前体合成过程中对电力的需求。此外，从聚合物废弃物中回收的能量可用于提供部分工艺过程中的能量。因此，聚合物废料的回收可能会影响它的总体产量以及在不同方案中描述的能源需求。埃森哲的研究计算表明，通过聚合物废料回收，潜在的能源节约量大约为57Mt油当量或者663TWh的电量。不过，与上述数字进行比较，结果只是略微缓解了这一主要瓶颈问题。

10.2 二氧化碳作为原料的需求

图27描述了三种情景下二氧化碳作为化学品以及化学品和燃料的碳来源的需求量。第4章对不同工艺生产每单位产品的二氧化碳需求量进行了量化。从大量来源中可获得的二氧化碳已在4.10节中描述。

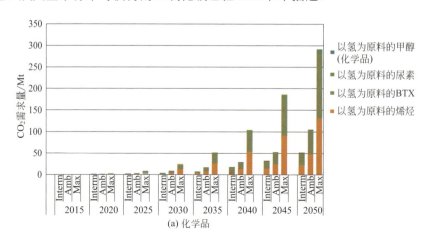

(a) 化学品

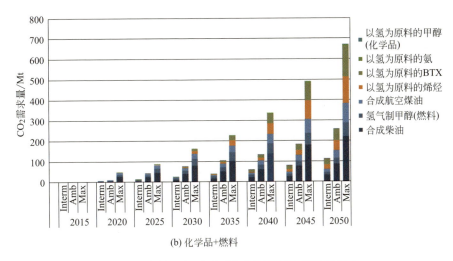

(b) 化学品+燃料

图27 所有情景中二氧化碳作为氢基路线原料的需求量

图27中所示的二氧化碳需求始终分配给最终目标产品。例如，烯烃的生产确实包括中间体甲醇的二氧化碳需求量，但这些甲醇是用来供应甲醇制烯烃工艺的。

4.10节中已经得出结论，即到2050年可获得的381Mt二氧化碳足以满足在化学品生产和燃料生产的需求。在本章所讨论的情景下，包括燃料生产在内，到2050年只需要258Mt二氧化碳。

然而，如果将燃料生产包括在内，到2045年二氧化碳作为原料的最大需求量（最大情景）将超过已有的来源。到2050年，化学品和燃料生产所需要的二氧化碳理论上将达到673Mt。

10.3 生物质作为原料的需求

第6章讨论的工艺过程依赖于生物质作为原料。单位产量的生物质需求已经在第6章讨论过了。该方案包括以蔗糖、淀粉和木质纤维素作为原料生产生物乙醇，以木质纤维素和废弃生物质气化生产甲醇，以及通过木材生产生物乙醇后再生产烯烃。

以生物乙醇作为燃料来计算，假设目前100%的原料是蔗糖、淀粉类的生物质（以甜菜为参考），到2050年木质纤维素生物质作为原料的份额将增加25%（以木材为参考）。

图28显示了所有情景中这三种工艺的总生物质需求。最大情景需要大约250Mt的生物质。这里必须强调的是，最大方案不会100%基于生物质的生产。然而，250Mt的生物质相当于110Mt标准油，这大致相当于非食品和饲料用的可用生物质的30%。生物质的可用性已在6.7节中讨论过。

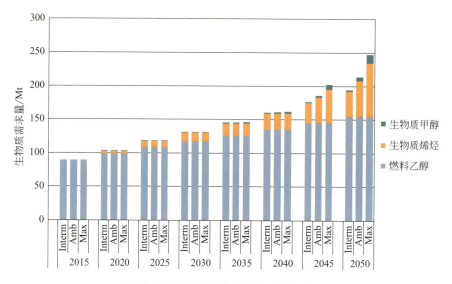

图28 所有情景下生物质作为原料的需求量

11 不同情景下的经济影响

化学工业主要工艺的转变将需要大量的投资,以便利用各自的工艺和设备来开发新的工艺流程。欧洲的化学工业是一个相当成熟的行业,许多现有的工厂已经超过了它们的技术寿命。由于不断地投资以提高工艺和设备的效率,欧洲的化学工业,不仅其工厂的平均寿命很长,而且在能效方面也比世界上大多数其他地区表现得更好。然而,大多数新的大型项目是在其他地方委托进行的,而这些地区,由于应用了最新的技术,其节能水平正在迅速赶上。

即使从长远来看,欧洲的化学工业能够捍卫其在能效方面的领先地位,但这显然也不足以促进向低碳工业的转变。另一方面,无论是在新的项目投资还是在减少以化石燃料为基础的产能方面,影响化学工业二氧化碳排放的技术方案不会是免费的。这在前面的章节里已经被广泛讨论过了。

在本书研究范围内,主要工艺过程转化的相对范围已经近似处理。这些计算是基于下文概述的一组假设。提高设备性能的主要动力是建设新的产能,或用最先进的技术改造现有的生产能力。所需投资折旧超过10年,利率为10%。值得注意的是,除氯气生产厂外,所有现有工厂产能均假设在计算起点(2015年)开始折旧。目前正在对氯气生产进行大量投资,用于拆除含汞工艺的工厂;其中大多数工厂已被基于膜的工艺所取代(见3.3)。

因此，就氯气而言，占产能一半的工厂只有5年的历史。

所有成本和价格都以名义价值（2015年数据）表示，不打折扣。化石燃料价格的发展来自国际能源署2016年的欧洲技术展望[127]。假设电价保持在40欧元/MWh。对于水电解，从2015年到2050年，投资成本从1450欧元/kW直线下降到375欧元/kW，这已被明确考虑在内。在本书范围内，所有其他技术的投资成本被认为是不变的。假定产品的整体生产量每年增加1%，二氧化碳排放认证的价格预计每年上升10%，由当下每吨二氧化碳7欧元上升至2050年每吨二氧化碳196欧元。

表35总结了2015年用于传统工艺生产的具体生产成本和用于低碳工艺的假设成本。

11.1 生产成本

总生产成本计算为传统生产成本和低碳技术成本的总和。在不同的方案下，传统技术和低碳技术的相对发展不同，因此对这些技术的相对投资也不同。这些产品加起来的总体生产成本在2015年接近每年500亿欧元，由于产量增加和二氧化碳价格上涨，在"一切照旧"情景下，这些产品的总体生产成本将增至1030亿欧元。图29比较了不同情景下的总生产成本。

与"一切照旧"情景相比，所有情景都会显著增加总生产成本。除"一切照旧"情景，效率改进技术的影响是所有情景的一部分。

由于低碳技术完全取代了传统工厂，最大情景显示了最强劲的增长。在最大情景下，2045年和2050年总生产成本的下降是由于通过二氧化碳排放认证对碳捕集与利用进行了大量补偿。表36～表38总结了截至2050年所考虑的不同产品的累计投资（改造现有工厂和建设新的产能），包括在"一切照旧"情景下实施效率措施的影响。

表35 不同工艺的经济参数

产品	传统工艺	传统工艺资本支出/(欧元/t产品)	传统工艺运营成本（不包含能源和原料）/(欧元/t产品)	低碳工艺	低碳工艺资本支出/(欧元/t产品)	低碳工艺运营成本（不包含能源、原料、二氧化碳）/(欧元/t产品)	具体生产成本（包含能源、原料、二氧化碳）/(欧元/t产品)
氯气、氢气和氢氧化钠	隔膜电解法	1000	150	—	—	—	—
氨	蒸汽转化、氨合成	670	100	电解水、空分设备、氨合成	1450	290	427
甲醇	蒸汽转化、甲醇合成	400	60	电解水、二氧化碳捕集、甲醇合成	1450	290	473
乙烯	蒸汽裂解	1200	180	甲醇制烯烃	300	45	1082
丙烯	蒸汽裂解	1200	180	甲醇制烯烃	300	45	1063
苯	蒸汽裂解	1200	180	甲醇制芳烃	300	45	956

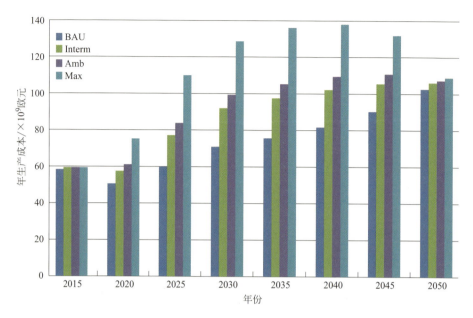

图29 不同情景下年度总生产成本的发展

表36 不同产品在不同情景下的总投资成本

单位：百万欧元

情景	氯	氨	尿素	甲醇	乙烯	丙烯	苯	总计	每年平均值
"一切照旧"情景	6087	9172	4267	435	20871	16385	15070	72287	2065
采取效率措施	29943	64954	24013	3384	147814	116041	106730	492879	14082
中间方案	29943	67902	25286	178322	116882	91758	84395	594488	16985
雄心方案	29943	73593	27093	260089	112073	87983	80923	671697	19191
最大情景	29943	76611	32906	570699	89421	70200	64567	934347	26696

表37　不同产品使用传统生产技术在不同情景下的投资成本

单位：百万欧元

情景	氯	氨	尿素	甲醇	乙烯	丙烯	苯	总计	每年平均值
"一切照旧"情景	6087	9172	4267	435	20871	16385	15070	72287	2065
采取效率措施	29903	64954	24013	3384	147814	116041	106730	492839	14081
中间方案	29903	45687	14999	2590	103968	81620	75071	353838	10110
雄心方案	29903	41052	13463	2359	93420	73339	67454	320990	9171
最大情景	29903	4254	6948	1374	49604	38941	35817	166841	4767

表38　不同产品使用低碳技术在不同情景下的投资成本

单位：百万欧元

情景	氯	氨	尿素	甲醇	乙烯	丙烯	苯	总计	每年平均值
"一切照旧"情景	0	0	0	0	0	0	0	0	0
采取效率措施	40	0	0	0	0	0	0	40	1
中间方案	40	22215	10287	175732	12913	10138	9324	240649	6876
雄心方案	40	32542	13630	257730	18653	14644	13469	350708	10020
最大情景	40	72357	25958	569325	39817	31259	28751	767507	21929

在不同情景中描述的低碳生产技术的部署需要对新设备进行大规模投资。比较不同情景下的影响，结果显示，在最大情景下每年的总投资额约

为267亿欧元,其中48亿欧元用于传统技术,219亿欧元用于低碳技术。在雄心方案中,每年的投资额总计为192亿欧元,其中92亿欧元用于传统技术,100亿欧元用于低碳技术。中间方案年度投资总额约为170亿欧元,用于传统技术和低碳技术的金额分别约为101亿欧元和69亿欧元。除"一切照旧"情景外,效率措施应用于所有情景的传统技术和低碳技术。

11.2 单种化学产品的总生产成本和避碳成本

本节将对单个产品进行更具体的经济分析。在每一种情景中,以化石燃料为基础的传统技术(在图和公式中表示为"con")和低碳技术(在图和公式中表示为"ren")的生产成本随着各自的能源成本、二氧化碳成本、技术开发及其部署而独立发展。因此,将分别描述它们,以确定各自情景中的两种技术在模型假设条件内以相同成本提供产品时的盈亏平衡点。

在某一种情景中,单位产品(吨产品)的避碳成本由单位生产成本(PC)的差值(不包括二氧化碳认证成本或补偿)除以"一切照旧"情景与该情景二氧化碳总排放量的差值计算得到。

$$C(CO_{2,avoid}) = \frac{[\sum con, renPC(某情景) - PC(BAU)]}{[CO_2(BAU) - \sum con, renCO_2(某情景)]}$$

对所有产品而言,低碳技术的单位生产成本都高于传统技术。因此,只有在低碳技术的二氧化碳排放量大于相应的传统技术时,才会出现负的避碳成本。例如,当基于氢气的低碳技术所需的电力按照目前欧洲平均电力结构为基础的电网供电时,就会产生更大的二氧化碳排放量。但从气候角度来看,在这些情况下应用这种工艺是不可取的。因此,负的避碳成本不会在本节的图表中描述。在基于电力的低碳技术能够对减少温室气体排放产生积极影响之前,电力部门必须充分脱碳。在对电力进行必要的脱碳之前,化学工业需要确保只使用低碳电力,例如使用自己的风能发电场发电,而不是使用电网电力。

11.2.1 氨

图30描述了在不同情景下计算出的氨的总生产成本。

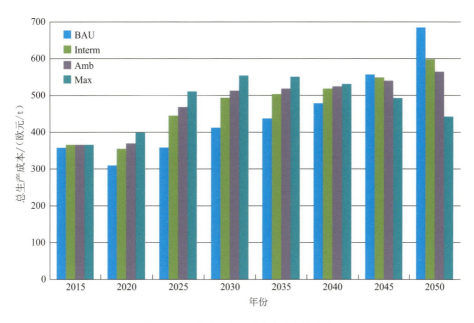

图30 不同情景下氨的总生产成本的发展

传统合成氨的生产成本以燃料和原料成本为主。实施效率措施导致其生产成本略高于"一切照旧"情景。成本上升的部分归因于建设新产能，主要原因是二氧化碳认证成本上升。在"一切照旧"情景中，二氧化碳认证成本在2050年将占到总生产成本的一半。中间方案、雄心方案和最大情景在最初采用低碳技术时会使其总生产成本更高。随着电解设备成本的大幅度下降和低碳技术的应用成本降低，低碳氨生产总成本最终由电力成本主导。传统氨的生产成本随着时间的推移而增加，这是由假定的二氧化碳认证成本上升所致。图31显示了不同情景下通过传统和低碳工艺生产氨的总成本。最初，低碳生产工艺的成本明显高于传统工艺，但从长远来看，直到2050年，由于电解设备成本的下降和二氧化碳认证价格的上涨，采用低碳工艺是获益的。

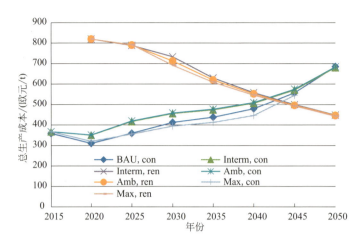

图31 不同情景下通过传统工艺和低碳工艺生产氨的总成本（包括二氧化碳认证成本）

避碳成本是相对于"一切照旧"情景（即不采用增效措施的传统技术）计算出来的成本与实际成本的差额。低碳氨是通过水电解、空气分离和实际氨合成生产出来的。与低碳氨生产有关的二氧化碳排放量取决于发电所产生的排放量。在电网电力二氧化碳排放量的预期发展中，电网电力充分脱碳的情况下，实施低碳氨生产只会导致2025年至2030年二氧化碳排放量的净减少。然而，从图32中可以看出：长远来看，各种情景下的避碳成本在60欧元/tCO_2（最大情景）至200欧元/tCO_2之间。

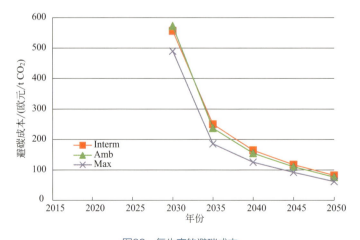

图32 氨生产的避碳成本
（在2030年之前，由于碳密集型发电，低碳技术比传统技术生产氨排放更多的二氧化碳）

11.2.2 氯气生产

图33描述了不同方案下计算的氯气生产成本。在该模型中，传统的氯气生产没有与之相关的低碳工艺。虽然有易于操作的不同工艺和新技术，例如可以使用耗氧电极以大幅减少氯气生产的能源需求，但现场的具体配置主要取决于各下游工艺，以适应氢气副产品以及按市场规格净化的烧碱副产品。该模型将氯气生产的所有成本与氯气产品联系在一起，没有将成本分配给副产品氢气和烧碱。

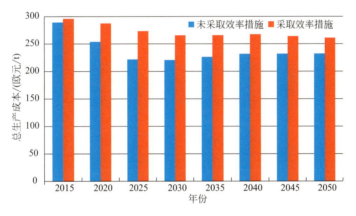

图33 "一切照旧"情景中采用和未采用效率措施生产氯气的成本对比

因此，就该模型而言，没有实施替代性低碳技术选择的方案。不过，使用效率措施可能会产生影响。由于氯碱业承诺在2017年底之前逐步淘汰以汞为基础的生产工艺，因而需要大量投资于新工厂或改造现有工厂，这已经导致现有工厂组合的重大现代化。因此，其他效率措施的效果相对较差。

氯气生产通过改变所用电力发电过程中的二氧化碳排放而成为一种低碳技术。效率措施和技术开发减少了所需的电量，进而降低了与氯气生产有关的二氧化碳排放量。虽然这些排放量通常分配给电力部门，而不是化学工业，但这些排放量已列入本书，因为化学工业声称对这一工艺拥有所有权，并试图降低其对温室气体排放的影响。

然而，通过效率措施对氯气的生产工艺实行避免二氧化碳排放的成本

（图34）相对较高，而且由于电网电力的二氧化碳排放量迅速减少，避碳成本今后将变得更高。可能有一些很好的理由促进在现有工艺中应用和部署技术改进和节能措施，但与电力部门所减少的排放量相比，其对减少二氧化碳排放的影响不具成本效益。

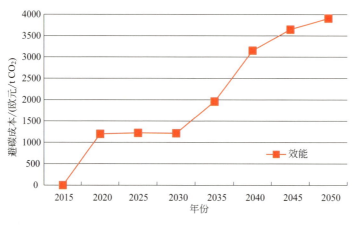

图34 采用效率措施生产氯气的避碳成本

11.2.3 尿素

尿素是合成氨的下游产品，一般在合成氨生产的集成装置内生产。这是目前存在的最大规模的碳捕集与利用（CCU）工艺。因此，其成本对二氧化碳排放认证价格和分配规则的变化特别敏感。在这种建模方法下，假设尿素生产成本受益于二氧化碳的吸收汇，这超出了目前欧洲碳排放交易体系的现行政策[128]。

尿素生产与合成氨生产有着密切的联系，无论是传统的还是低碳的工艺方案。在传统的工艺路线中，蒸汽重整产生的二氧化碳被从氢气中分离出来，以便生产氨。因此，在传统工艺路线上，尿素不需要分担二氧化碳分离的额外费用。

然而，尿素生产作为低碳氨的下游工艺，需要外部的二氧化碳源。二氧化碳捕集作为低碳尿素生产原料的额外能源需求需要考虑在内。这还会导致额外的温室气体排放。但在该模型中，二氧化碳可用于尿素生产工艺，便不需要额外的分离或纯化成本。

图35描述了不同情景下尿素生产总成本的变化。从长远来看，所有包括低碳技术重大贡献的情景（中间方案、雄心方案、最大情景），都能从电解槽成本降低带来的低碳氨生产成本的相对降低中获益。

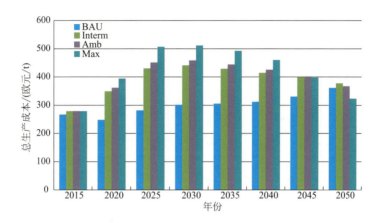

图35 不同情景下尿素生产总成本

无论是传统尿素生产工艺还是低碳尿素生产工艺，氨原料成本都占主导地位。如图36和图37所示，这两种工艺都因碳捕集与利用的补偿增加而受益。然而，直到2040年以后，这种影响才变得显著，届时二氧化碳认证的成本预计将超过75欧元/tCO$_2$。

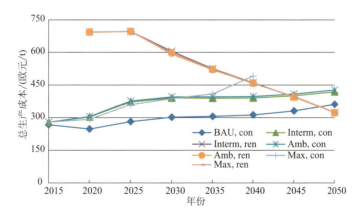

图36 含二氧化碳利用补偿的尿素总生产成本
[不同情景下利用传统工艺（con）和低碳工艺（ren）生产的状况均已标示]

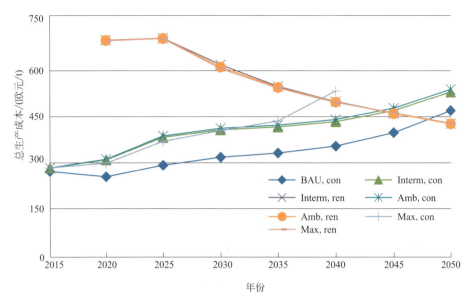

图37 不含二氧化碳利用补偿的尿素总生产成本
[不同情景下利用传统工艺（con）和低碳工艺（ren）生产的状况均已标示]

由于反应生成尿素所消耗的二氧化碳比例为44/60，传统工艺和低碳工艺都是二氧化碳的净吸收汇。在这种程度上，将尿素的总生产成本乘以60/44，得出尿素生产的避碳成本。与此吸收汇相比，这个工艺本身的任何改进都微不足道，而且昂贵得多。

11.2.4 甲醇

甲醇在所有情景中都扮演着核心角色，因为它的低碳路线是替代传统蒸汽裂解产品的基础。除了目前欧洲常规产品整体产量偏低外，低碳甲醇生产需要迅速扩大，以替代目前传统裂解产品的重要部分。与尿素一样，低碳甲醇生产是二氧化碳的净吸收汇，其整体成本受益于对二氧化碳排放认证的补偿。无论是在能源方面还是从温室气体排放方面，低碳甲醇生产过程所需的二氧化碳已被考虑在内，但二氧化碳捕集与任何成本无关。此外，就像低碳氨生产一样，随着时间的推移，电解槽成本的降低也大大有利于甲醇生产成本的降低。甲醇的总生产成本如图38所示。

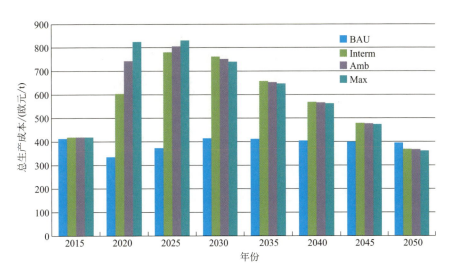

图38 不同情景下甲醇总生产成本

传统甲醇生产主要以原料和燃料成本为主，而低碳甲醇生产主要以电力成本和投资成本为主，这是由在本书所调查的时间范围内工厂产能大规模扩张造成的。图39显示了不同情景下传统和低碳工艺生产甲醇的总生产成本，分别包括和不包括传统工艺的二氧化碳认证成本和低碳技术的二氧化碳补偿成本。

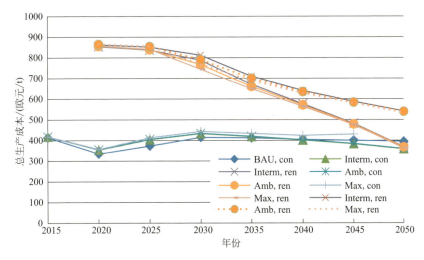

图39 不同情景下传统和低碳工艺生产甲醇总生产成本（包括传统工艺的二氧化碳认证成本和低碳工艺二氧化碳补偿成本。顶部虚线显示了没有对二氧化碳利用进行货币补偿的相应结果）

关于避碳成本，传统的甲醇生产过程本身释放的二氧化碳量很大，其数量取决于原料的构成。甲醇生产过程中使用的燃料和电力还会产生额外的二氧化碳排放。后者的排放受制于渐进式工艺改进，而前者是不可避免的。与传统工艺相比，低碳工艺是二氧化碳的净吸收汇。

从图40中可以看出，电网电力的二氧化碳排放补偿了减排，只能使2035年以后的二氧化碳排放量呈现净减少。在该模型的时间范围内，传统工艺的效率措施可以产生合理的避碳成本。

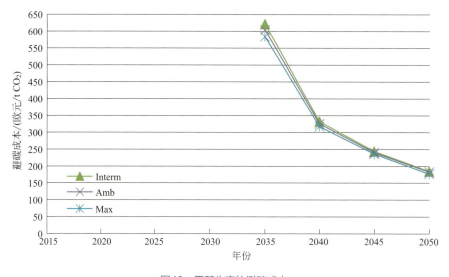

图40　甲醇生产的避碳成本

11.2.5　乙烯、丙烯和BTX

裂解产品是化学工业中许多价值链的起点。欧洲的裂解装置以石脑油为原料，提供乙烯、丙烯和BTX的混合物，用于进一步转化。这些产品仍然是必需的，为了以更可持续的方式生产这些产品，需要采用替代性路线。

本书以低碳甲醇为前驱物的甲醇制烯烃（MTO）和甲醇制芳烃（MTA）工艺作为主要路线展开论述。图41显示了不同情景下烯烃和BTX的总生产成本，图42是传统工艺和低碳工艺路线下的总生产成本。传统路线的总生产成本以原料和燃料（石脑油）成本为主，而低碳路线以甲醇的成本为主。

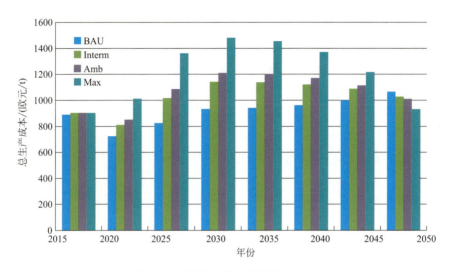

图41　不同情景下裂解产品的总生产成本

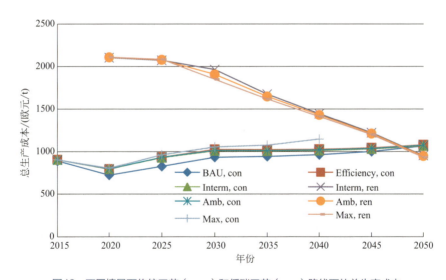

图42　不同情景下传统工艺（con）和低碳工艺（ren）路线下的总生产成本

对于甲醇制烯烃和甲醇制芳烃工艺路线，任何对碳利用的补偿都分配给了甲醇前驱物。与高效的传统蒸汽裂解相结合，这将导致相当高的避碳成本，见图43。

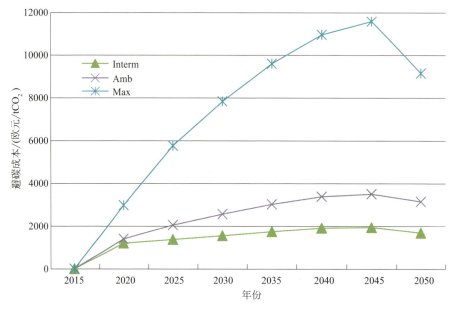

图43 不同情景下HVC和BTX生产的避碳成本

（HVC指包含乙烯、丙烯在内的高附加值化学品）

11.3 总结

"一切照旧"情景的生产成本主要由化石燃料价格的发展决定，氨是一个明显的例外。2050年前氨的生产成本主要由二氧化碳排放认证价格决定。无论是在传统技术，还是在可再生技术的发展中，中间方案通过提高改进率实现更高的能源效率，这是通过对电厂整体进行改造和增加电厂总体容量慢慢实现的。电解过程所需电能的大量脱碳使氯的生产受益最大，因此2050年氯的最终生产成本较低。一旦二氧化碳排放认证价格水平足够高，低碳氨生产的额外投资成本将被减少的二氧化碳排放量所抵消。与甲醇制烯烃和甲醇制芳烃相结合的低碳甲醇生产开始代替蒸汽裂解，并通过引入负排放而受益于高昂的二氧化碳认证价格。然而，结果通常是HVC生产面临着比传统工厂更高的原料价格。在雄心方案中，仅有甲醇和丙烯的具体生产成本最终达到"一切照旧"情景的水平,而所有其他产品的具体生产成本增加了15%～45%。如果将二氧化碳利用的货币补偿考虑在内,到2050年,最大情景将导致所有产品的成本与"一切照旧"情景相似。

最大情景和雄心方案情景的主要特点是大幅提高低碳甲醇生产能力。由于对新产能大量投资,甲醇的具体生产成本随着时间的推移而显著上升。只有极高的二氧化碳排放认证价格才能最终抵消额外投资成本的负担。然而,根据现行法规,二氧化碳捕集与利用不被视为负排放。图44描述了在不同情景下基于这些不同政策效应的甲醇生产成本的敏感性。

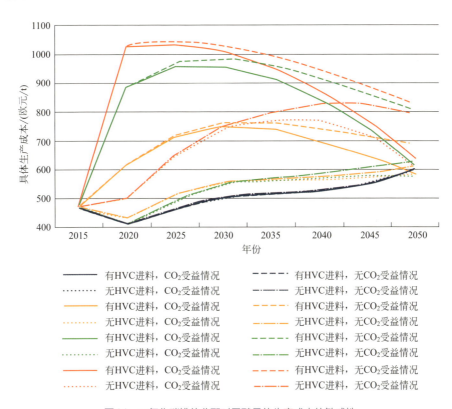

图44 二氧化碳排放分配对甲醇具体生产成本的敏感性

("有HVC进料"是指MTO和MTA线路所需的低碳甲醇产量;"无HVC进料"是指符合当前要求的甲醇产量。蓝线表示"一切照旧"情景,红线表示中间情景,绿线表示雄心方案,紫红线表示最大情景)

12 研发与创新的需求

本书调研了大量相关技术。本章重点关注研发与创新需求。上述技术从研究到商业应用的详细路线图不属于本书的探讨范围,所以不做介绍。本书引用了许多路线图和其他研究成果。表39提供了优先考虑的重点及相关研发创新领域的概览[129]。

表39 与低碳化工行业相关的研发与创新主题

领域	优势	研发与创新主题
电制热	可逆电热系统	·通过电热泵以低电价产生热量,并可以反向模式产生电力
	更灵活的多功能设备	·天然气或电力的替代应用,取决于当前的能源价格及控制策略
	高温(>250℃)技术	·电热泵,带扩展操作窗口;新的工作介质和压缩机、气体工作介质
电解制氢	碱电解槽的成本降低了1/2	·改进电池组件和系统设计以及制造工艺; ·提升电解槽的电流密度; ·在碱性环境中,具有改进的电流交换率、速率、可控的形态和理化性质以及高稳定性的催化剂; ·具有较低的气体透过率、更长使用寿命的薄膜; ·兆瓦级碱电解槽示范项目,减少占地面积,更易于调试和操作
	聚合物电解质膜(PEM)电解槽系统的成本降低了1/4	·降低双极流场板的成本或替代双极流场板,约占电池组件成本的50%;先进的涂层或板制造技术; ·采用大面积(0.5m²及以上)的电池,设计无流场双极板; ·使有源电池面积最大化,以降低热量管理中的特定材料成本,并在高电流密度下实现均匀电流分布

续表

领域	优势	研发与创新主题
电解制氢	聚合物电解质膜（PEM）电解槽系统的成本降低了1/4	·用于析氧反应（OER）电极的高级催化剂具有优异的耐腐蚀性和催化活性；降低贵金属负载量（金属铱存在成本高和未来潜在供应问题）；高级催化剂载体结构、混合金属氧化物和纳米结构催化剂； ·使用先进的膜材料和制造技术（目前占电池组成本的5%）替代旧的；改善离子交换特性和机械稳定性； ·用于析氢反应（HER）电极的先进催化剂；减少负载或替换贵金属
	碱性膜电解（AEM）的性能与成本降低	·提高膜的离子导电性，因为这样可将碱性膜电解的电流密度限制在0.5 A/cm²以下
	固体氧化物电解（SOE）的性能与成本降低	·开发耐腐蚀和耐高温的材料和密封件； ·改进电池和电池组的设计、寿命、循环稳定性； ·演示系统的完整操作过程； ·审查和分析共电解的商业案例，以及固体氧化物电解高温运行的其他新型案例
	电解操作更具灵活性	·优化系统组件，从而能够快速响应负载变化； ·改进电池组件设计、泵优化、气水分离器以及压力控制装置，以实现快速线性调节； ·在部分负载模式（通过降低电流密度）下运行时，提高电池效率；使系统组件中寄生负载最小化； ·调查动态运行对使用寿命的影响
替代制氢	甲烷热解，作为替代制氢方式	·研究各种制氢途径，即热分解、等离子体热解、热催化分解或液态金属工艺
	水光解，作为长期选项	·实验室级别的水光解：开发高效（高性能）、耐腐蚀（长寿命）光电极材料和加工技术；开发不含贵金属和其他稀有元素的电极，且在H_2中过电位降低>50%
	热化学过程与CSP	·研究高温工业废热的使用情况； ·利用新的反应器概念设计高效和坚固的反应器，可兼容高温和热循环； ·采用新的催化热化学循环，以降低温度要求； ·提高热化学循环反应物材料的效率和耐久性； ·对于太阳能热化学系统，降低聚光镜系统的成本
电制化学品	共电解	·在固体氧化物电解中利用CO_2和水共电解制备合成气

续表

领域	优势	研发与创新主题
电制化学品	电化学过程	·研究基于新材料的电化学工艺，更好地理解电化学； ·利用操作参数（温度、压力和pH值）影响反应，提高反应活性和选择性； ·提高产品灵活性，有助于提高电制化学品的商业价值
	利用CO_2和氢气生产甲醇	·提高生产率；开发对高浓度CO_2和H_2O抑制不敏感的新型催化剂，以提高生产率； ·开发小规模系统，例如与具有快速启动/关闭操作的沼气发电装置相连； ·扩大示范装置规模，积累运营经验
	氢气制氨	·研究基于电力和天然气、可灵活运行的混合概念装置； ·优化制热和热集成概念，集成后续尿素合成工艺，也适用于氢基氨厂
	直接电催化制氨（长期应用）	·直接电催化或光催化制氨工艺，采用氮还原反应催化剂直接制氨，OER催化剂通过氧化水产生氮还原所需的质子和电子来平衡反应
	二氧化碳电化学还原（新兴工艺）	·利用二氧化碳电化学还原制备甲酸；工艺概念包括甲酸溶液浓缩的低成本解决方案； ·二氧化碳直接电催化转化制备乙烯； ·概述：具有长效性能和低能耗的催化剂；反应器配置、规模扩大；基于非贵金属的生产性催化剂；提高催化剂稳定性和生产率
	替代能源供应	·研究电化学途径以外的技术，例如等离子体、微波和光催化，寻求电化学或传统热化学工艺以外的方式来激活分子，从而提高能源效率和产品产量
生物质制备化学品和材料	木质纤维素生物质的预处理	·验证一种低成本的分馏、分离和纯化技术，将木质纤维素生物质分解成基本组分（例如木质素、纤维素、半纤维素、糖和其他碳水化合物）
	节约成本和资源的生产方式	·提高从木质纤维原料到生化产品和生物燃料的总转化率； ·创新的生物技术、生物催化和催化路线，从纤维素糖（C5和C6）中制备构建块和化学品； ·验证利用木质纤维原料大规模联合生产生物燃料和生物基化学品的经济性

续表

领域	优势	研发与创新主题
生物质制备化学品和材料	木质纤维素制备生物乙醇	·通过MoS_2基催化剂，对合成气进行气化和后续发酵或化学催化转化
	木质纤维素和木质素制备芳烃	·木质素纤维素选择性热解/催化快速热解成芳烃或木质素氢化，以解聚复杂的木质素结构，稳定反应中间体
	生物质材料	·开发和验证新型功能性生物基材料。例如生物塑料，生物复合材料，基于木质素、淀粉、纤维素（或纳米纤维素）或碳纤维的材料，为不同的工业客户提供解决方案
	集成生物炼制	·采用智能方式，整合生物制品和先进生物能源载体的生产方式（智能运用，最大限度地提高生物质的碳和能源产量）
化工生产替代方式	氨	·利用质子传导膜进行固态氨合成； ·用于氨制备的太阳能热化学循环（长期应用）；新型合金和掺杂材料，并通过利用太阳能热过程产生的热量和光子进行金属氮化-还原循环，实现工艺集成和优化N_2活化； ·生化途径，用于N_2还原为氨气的酶催化剂（长期应用）；在电极表面上可功能性固定难降解的氧化还原酶，包括固氮酶
	烯烃	·利用二氧化碳直接电催化制备乙烯； ·直接费托合成烯烃（FTO）；使用改性费托催化剂，将CO_2和H_2转化为低碳烯烃
循环经济与产业共生	二次原料	·二次原料的利用和估价，例如：残渣、废物流以及回收的报废材料； ·聚合物废物：预处理催化裂化和等离子气化； ·利用林业、纸浆和造纸厂的副产和残留物（例如基于木质素、纤维素或半纤维素）来开发和示范新型功能性生物基化学品和材料； ·从二次原料到产品链的生命周期评价

13 政策措施

尽管本书中描述的技术相当成熟,但是仍然存在两项主要障碍,这两项障碍阻碍了这些技术的快速落地。

(1)与常规化石原料生产相比存在经济差距:不管是再生氢还是基于生物质制氢生产路径,电力成本(基于电解制氢工艺)和可再生原料成本(基于生物制氢工艺)与当前低成本化石类原料相比,都没有竞争力。

(2)缺少大规模工业化的制造经验和概念验证:不仅是基于二氧化碳制氢的工艺路线,而且新兴的生物质制氢的工艺路线和木质纤维素生物质的预期转变更是如此。原则上,所有上述生产途径的必要技术都可用,示范性工厂正在运行,但是还需要更多的参照案例,以表明这些技术能够在工业规模上整合起来。因此,目前还缺乏生产规模的操作经验和可靠的成本评估。

政策措施将在消除以上障碍并促进低碳技术推广方面发挥以下重要作用:

(1)确保低碳电力的可用性和竞争力;

(2)为研究和创新持续提供资金保障,包括开展试点和示范项目以进一步推动关键技术进步,并验证和演示跨领域合作样板:

① 长期提供来自各类公共和私人的资金承诺,是维持研究和创新项目连续性的必要保障;

② 融资工具和战略倡议涵盖新型低碳技术项目;

③ 支持政府与社会资本合作(PPP)模式的发展,重视研发创新工作成果

转化，并促进新技术示范项目投资的风险共担。多领域合作是有益的，因此合作伙伴应该涵盖相关机构，从而有助于促进工业共生。PPP模式将在该领域发挥作用。

（3）开发相关技术的支撑和信息

① 确保LCA专项研究基于适当方法并针对新兴的低碳技术（包括循环经济和工业共生设置），有明确的案例提供可靠数据支撑。该数据也可为生物燃料和合成燃料的可持续性提供有力证明，从而构成增加低碳燃料配额的基础。所有上述数据都应保存在中央存储器中，便于大家使用。

② 支持建立欧洲资源和基础设施的中心数据库，包括生物质、二氧化碳和其他气体排放源，以支持工业共生。每年排放量低于10000t（向欧洲污染物排放和转移登记机构申报的临界值）的排放设施也应包含在内。

③ IEA路线图和欧盟低碳经济的设想方案中应考虑上述选项，以激发由此产生的相关政策框架。

14 欧洲化学工业的转型

长期以来，化学工业的能源供应和原料基础都发生了深刻变化。在化学工业中，与其他能源密集型工业形成鲜明对比的是，化石燃料作为原料可以同时提供碳和能源，并可提供更传统的能源供应功能，例如供热。本书中的方案旨在实现更具可持续性的欧洲化学工业，这就要求当前基于化石能源的化学工业朝着以可再生资源作为原料和燃料的方向进行重大转型。

14.1　当前欧洲化学工业的能源供应、原料基础与碳流

本书所讨论的工艺是欧洲化学工业的基础。对于本书中所讨论的工艺，当前能量流如图45所示。该工艺主要以石脑油为主要原料生产"高价值化学品"（HVC），这些高价值化学品又是众多化工生产过程的原料。第二大化工原料是天然气，天然气主要用于制备氨。直接利用电力和重油制备氨非常有限。前者主要用于生产氯气，后者用于甲醇合成。

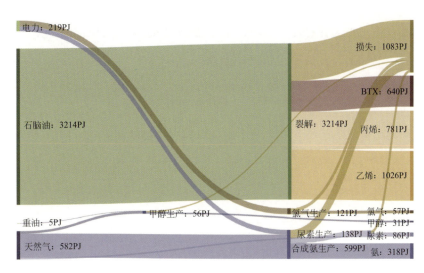

图45 本书所述工艺在2015年的能量流图

在图46中,采用"CO_2流"表示相应的碳流,即化合物在燃烧时排放的CO_2量(按化学计量关系反应)。在数据右侧显示的排放量表示工艺产生的实际排放量。虽然氯气和氨不含碳,但是为了将其可视化,我们采用0.1Mt CO_2来表示。

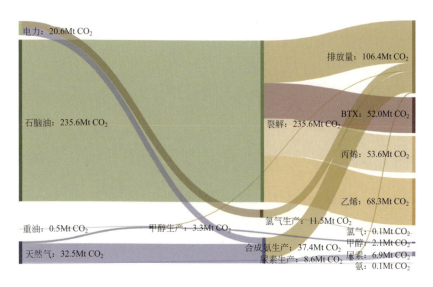

图46 2015年本书所述工艺的碳流图(2015年)

14.2 "一切照旧"情景中,欧洲化学工业的能源供应、原料基础和碳流

在"一切照旧"情景中,2050年,欧洲化学工业的上述工艺是不变的,原料和能源供应也是不变的。两个主要影响因素也显而易见:即每年产量增加1%导致燃料和原料需求相应增加,同时,电力领域开展脱碳工作,在一定程度上显著降低了因使用电力而产生的排放量,从而使实际氯气生产过程无排放。能量流和碳流分别如图47和图48所示。

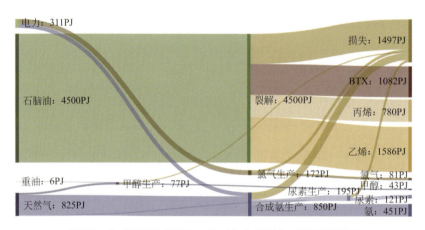

图47 "一切照旧"情景中,2050年本书所述工艺的能量流图

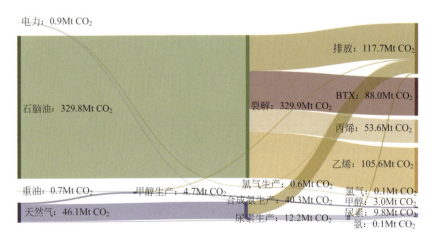

图48 "一切照旧"情景中,2050年本书所述工艺的碳流图

在图49和图50中，采用效率措施不会显著改变能源和原料的相对贡献率，但是与不采用效率措施的2050年"一切照旧"情景相比，总体能源和碳需求减少了约5%。与上述工艺现状相比，在2050年"一切照旧"情景中，预计能源和原料消耗将增加近40%，二氧化碳排放量将增加11%。采用效率措施可降低33%的能源和原料需求增长，同时降低近5%的总排放量。

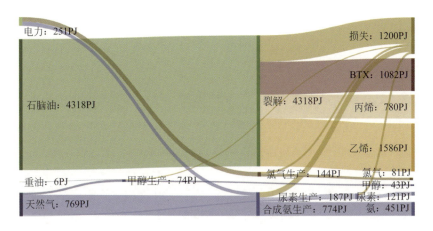

图49 "一切照旧"情景中，2050年本书所述工艺采取效率措施的能量流图

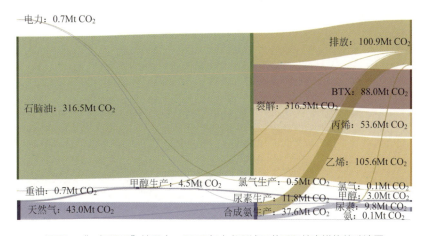

图50 "一切照旧"情景中，2050年本书所述工艺采取效率措施的碳流图

14.3 中间方案中，欧洲化学工业的能源供应、原料基础和碳流

在中间方案中，到2050年，欧洲的低碳技术推广将达到35%，而所有装置和工艺都要进行效率提升，产量每年增加1%。因此，能源和原料基础显著转向电力，电力对能源和原料投入的贡献率为30%。由电解生产氢气（标记为"电力供给"）导致总体能源需求增加，与现状相比增加了近60%，见图51。这些工艺的用电量达到了德国当前总发电量的数量级。甲醇成为一种中心平台化学品，开始取代传统的蒸汽裂解工艺，并有助于生产高价值化学品和BTX，同时降低石脑油消耗。通过改造现有装置产能和扩大产能来部署低碳技术仍然可以实现上述转变。

随着二氧化碳成为欧洲化学工业的碳源，原料基础也发生了重大变化，如图52所示。在这种情况下，这些工艺总体上仍然是二氧化碳的净排放者，但是将二氧化碳作为新原料可以抵消其排放量的65%左右。

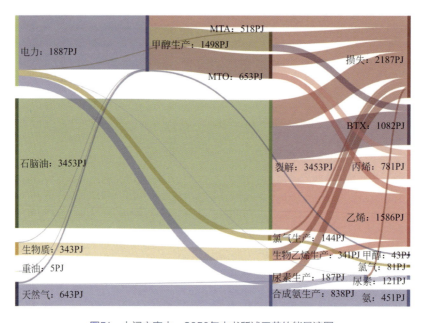

图51 中间方案中，2050年本书所述工艺的能量流图

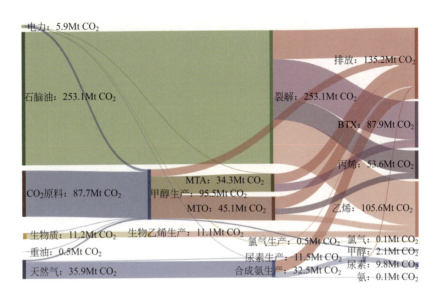

图52 中间方案中，2050年本书所述工艺的碳流图

14.4 雄心方案中，欧洲化学工业的能源供应、原料基础和碳流

与中间方案的发展类似，雄心方案旨在实现更高的低碳工艺普及率（到2050年达到50%，见图53）。当产能扩大时，仅通过推广新技术已无法达到该目标。不仅如此，除了所有新增和改造的产能都要采用低碳工艺之外，还需要以每年0.75%的速度主动停运传统电厂，并由基于新技术的电厂取代。电力成为生产甲醇的主要能源载体，以生产高价值化学品，进入化学工业的价值链。上述工艺的耗电量约为德国当前总发电量的1.5倍。与2015年相比，总能耗增长了80%。石脑油消耗量将会降低到2015年水平的80%左右。

二氧化碳作为碳源的使用量将会超过作为原料的石脑油消耗量（图54），欧洲化学工业成为二氧化碳的净消费者。尽管与2015年相比，二氧化碳排放量仍然增加了约60%。

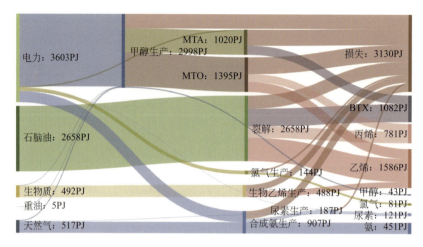

图53 雄心方案中,2050年本书所述工艺的能量流图

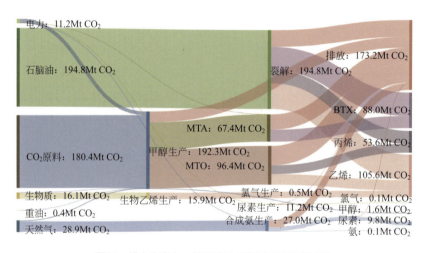

图54 雄心方案中,2050年本书所述工艺的碳流图

14.5 最大情景中,欧洲化学工业的能源供应、原料基础和碳流

最大情景是指本书所涵盖的工艺实现了向低碳技术的完全转型。这种转型需要所有产能扩建和改造都采用新型低碳技术。除此以外,现有常规电厂还要主动停运,被采用新技术的工厂以每年3%左右的速度进行替换。能源

供应仅以电力和天然气为主（见图55），将是目前能源消耗的2.5倍。天然气用于甲醇的蒸馏，作为生产高价值化学品的平台原料，完全取代传统的蒸汽裂解。这些工艺的用电量接近欧盟2015年的发电量。

对于本书所述工艺，二氧化碳已成为主要碳源，这些工艺的二氧化碳净消耗量约为200Mt，上述工艺转型如图56所示。

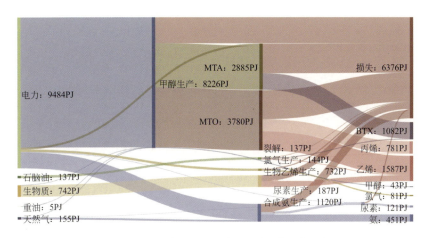

图55　最大情景中，2050年本书所述工艺的能量流图

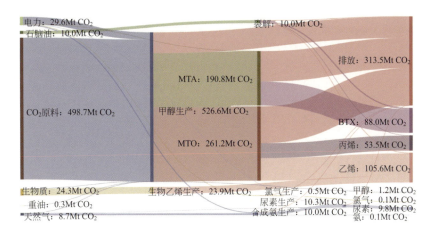

图56　最大情景中，2050年本书所述工艺的碳流图

15 致谢

本书写作团队在此感谢所有慷慨贡献知识、经验和观点的专家。我们要特别感谢2016年9月23日和11月8日在布鲁塞尔举行的两场验证研讨会的所有参与者,他们分别代表以下公司:阿克苏诺贝尔、巴斯夫、科莱恩、陶氏、赢创、埃克森美孚化工部门、索尔维、雷普索尔和道达尔。在这些会议中针对结果和假设的讨论,对作者所陈述的事实和结果有建设性的帮助。这些专家中有许多人还担任了本书草稿的审阅人,感谢他们所付出的努力和提出的大量改进建议。

德国化学技术与生物工程学会的作者团队:

Alexis Bazzanella

Florian Ausfelder

欧洲化学工业理事会的咨询专家:

Pierre Barthelemy

Sophie Wilmet

16 附录

附录1 计算氢成本随工作时间的函数的假设

技术	最小功率/MW	最大功率/MW	最小效率/%	最大效率/%	最低投资/欧元	最高投资/欧元
碱电解槽	20	150	65	82	850	1500
PEM电解槽	0.15	1	65	78	1300	3800

注：本书中，用于计算生产成本的电力成本设为40欧元/MWh。

附录2 假设可行情景

项目	情景	2020	2025	2030	2035	2040	2045	2050
氢基甲醇、烯烃和BTX工厂份额	Max	5%	10%	20%	40%	60%	75%	85% (BTX100%)
	Amb	1%	5%	10%	15%	20%	30%	50%
	Interm	1%	2.5%	5%	7.5%	15%	23%	30%
生物基甲醇、烯烃份额	Max	1%	2%	3%	4%	5%	10%	15%
	Amb	1%	2%	3%	4%	5%	7.5%	10%
	Interm	1%	2%	3%	4%	5%	6%	7%
汽油中甲醇份额	Max	5%	10%	20%	30%	45%	70%	96.5%
	Amb	1%	5%	10%	15%	20%	30%	40%
	Interm	1%	2.5%	5%	7.5%	10%	15%	20%

续表

项目	情景	2020	2025	2030	2035	2040	2045	2050
合成航空煤油和合成柴油份额	Max	5%	10%	20%	30%	45%	70%	100%
	Amb	1%	5%	10%	15%	20%	30%	40%
	Interm	0.5%	1.0%	2.5%	5%	7.5%	10%	15%
生物乙醇份额	所有情景	0.6%	0.8%	1%	1.3%	1.8%	2.7%	3.5%
工厂更新率	Max	14%	29%	43%	57%	71%	86%	100%
	Amb	8%	15%	23%	30%	38%	45%	53%
	Interm	5%	10%	15%	20%	25%	30%	35%
电力蒸汽和蒸汽再压缩	所有情景	0%	2%	5%	15%	30%	50%	70%
效率措施	所有情景	每年增长0.56%						

附录3 中间情景历年假设、影响和需求数据

	项目	2015	2020	2025	2030	2035	2040	2045	2050
产量	氢气制甲醇（燃料）/Mt	0	2	3	6	8	8	9	10
	生物乙醇（燃料）/Mt	0.00	0.35	0.37	0.39	0.41	0.43	0.45	0.48
	合成航空煤油/Mt	0.00	0.25	0.45	0.99	1.68	2.37	3.03	4.49
	合成柴油/Mt	0	1	1	3	5	7	8	10
	氢气制甲醇（化学品）/Mt	0.00	0.16	0.62	2.13	4.58	12.04	22.57	36.36
	氢气制烯烃/Mt	0.00	0.03	0.13	0.44	0.94	2.43	4.52	7.21
	甲醇制BTX/Mt	0.00	0.02	0.07	0.25	0.56	1.48	2.79	4.54
	氢气制氨/Mt	0	0.0	0.1	0.2	0.5	1.2	2.3	3.7

续表

	项目	2015	2020	2025	2030	2035	2040	2045	2050
产量	氢基氨合成尿素/Mt	0	0.0	0.0	0.1	0.3	0.7	1.3	2.0
	氨/Mt	9.58	10.07	10.58	11.12	11.69	12.28	12.91	13.57
	生物基甲醇/Mt	0.00	0.00	0.00	0.01	0.02	0.04	0.05	0.05
	生物基烯烃/Mt	0.00	0.40	0.83	1.30	1.80	2.34	2.92	3.55
	生物基BTX/Mt	0	0	0	0	0	0	0	0
CO_2减排量	氢气制甲醇（燃料）/Mt	0.0	2.3	5.0	8.8	11.3	11.9	13.0	14.5
	生物乙醇（燃料）/Mt	0.0	0.7	0.7	0.7	0.8	0.8	0.8	0.9
	合成航空煤油/Mt	0.0	0.5	0.8	1.8	3.1	4.4	5.6	8.3
	合成柴油/Mt	0.0	1.9	3.4	7.2	12.5	16.6	18.8	23.9
	氢气制甲醇（化学品）/Mt	0.0	0.0	0.0	0.0	0.1	0.2	0.3	0.5
	氢气制烯烃/Mt	0.0	0.1	0.3	0.8	1.8	4.6	8.6	13.7
	甲醇制BTX/Mt	0.00	0.03	0.12	0.43	0.95	2.52	4.76	7.73
	氢气制氨/Mt	0.0	0.0	0.1	0.4	0.8	2.1	3.9	6.3
	氢基氨合成尿素/Mt	0.0	0.0	0.0	0.1	0.2	0.5	0.9	1.5
	生物基甲醇/Mt	0.00	0.00	0.01	0.01	0.03	0.04	0.05	0.06
	生物基烯烃/Mt	0.00	0.99	2.05	3.19	4.42	5.75	7.18	8.73
	生物基BTX/Mt	未包含							
所需电力	甲醇（燃料）/TWh	0	17	38	67	86	91	98	110
	合成航空煤油/TWh	0	16	28	62	105	148	190	282
	合成柴油/TWh	0	53	94	198	341	454	515	655
	甲醇（化学品）/TWh	0.0	0.0	0.1	0.2	0.5	1.2	2.3	3.6

续表

	项目	2015	2020	2025	2030	2035	2040	2045	2050
所需电力	BTX/TWh	0.0	1.0	3.4	12.1	26.4	70.2	132.8	215.6
	烯烃/TWh	0	2	10	33	70	180	335	535
	氨/TWh	0.0	0.2	0.8	2.8	5.9	15.5	28.8	46.0
	氯/TWh	45	42	41	40	40	39	38	38
	蒸汽生产/TWh	0.0	2.0	5.2	16.2	33.3	57.2	82.5	121.4
	蒸汽再压缩/TWh	0.0	0.0	0.1	0.2	0.3	0.6	0.8	1.2
	脱碳电力2DS/TWh	1670	2002	2337	2656	2920	3087	3254	3367
	无碳电力比重（IEA 2DS）	3%	7%	9%	16%	24%	34%	44%	60%
所需CO_2	甲醇（燃料）/Mt	0	2	5	8	11	11	12	14
	合成航空煤油/Mt	0	1	1	3	5	7	10	14
	合成柴油/Mt	0	3	5	10	17	23	26	33
	甲醇（化学品）/Mt	0.0	0.0	0.0	0.0	0.1	0.2	0.3	0.5
	BTX/Mt	0.0	0.1	0.4	1.5	3.3	8.7	16.5	26.9
	烯烃/Mt	0.00	0.10	0.42	1.39	2.94	7.64	14.17	22.62
	尿素/Mt	0	0.0	0.03	0.09	0.19	0.50	0.92	1.48
	烯烃所需甲醇/Mt	0.00	0.08	0.31	1.01	2.14	5.56	10.32	16.47
所需生物质	生物基甲醇/Mt	0.00	0.06	0.19	0.48	0.91	1.48	1.83	2.20
	生物乙醇（燃料）/Mt	89	94	96	98	95	84	72	59
	生物基烯烃/Mt	0.00	4.22	8.75	13.63	18.88	24.54	30.64	37.24
	生物基BTX/Mt	0.00	0.00	0.00	0.00	0.00	0.00	0.00	0.00

续表

项目		2015	2020	2025	2030	2035	2040	2045	2050
被避免的CO_2排放量(能效和蒸汽)	化学品/Mt	0.0	0.1	0.5	1.8	3.8	9.9	18.5	38.5
	燃料/Mt	0.0	5.4	10.0	18.6	27.6	33.7	38.2	47.6
	效率措施/Mt	0.00	1.91	3.76	5.42	6.98	8.16	9.21	10.04
	基于蒸汽的能效/Mt	0.00	0.34	0.89	2.74	5.65	9.69	13.95	20.49
	蒸汽再压缩/Mt	0.00	0.03	0.08	0.27	0.59	1.02	1.48	2.19

附录4 雄心方案历年假设、影响和需求数据

项目		2015	2020	2025	2030	2035	2040	2045	2050
产量	氢气制甲醇（燃料）/Mt	0	2	7	12	16	16	18	20
	生物乙醇（燃料）/Mt	0.00	0.35	0.37	0.39	0.41	0.43	0.45	0.48
	合成航空煤油/Mt	0.00	0.51	2.26	3.95	5.04	6.31	9.09	11.97
	合成柴油/Mt	0	2	7	13	16	19	25	28
	氢气制甲醇（化学品）/Mt	0.00	0.20	1.64	5.45	11.53	20.00	37.19	74.41
	氢气制烯烃/Mt	0.00	0.04	0.37	1.18	2.46	4.22	7.77	15.41
	甲醇制BTX/Mt	0.00	0.02	0.18	0.63	1.35	2.36	4.43	8.93
	氢气制氨/Mt	0	0.0	0.2	0.6	1.2	2.1	3.8	7.6
	氢基氨合成尿素/Mt	0	0.0	0.1	0.3	0.7	1.1	2.1	4.2
	氯/Mt	9.58	10.07	10.58	11.12	11.69	12.28	12.91	13.57
	生物基甲醇/Mt	0.00	0.00	0.01	0.02	0.03	0.05	0.09	0.14
	生物基烯烃/Mt	0.00	0.40	0.83	1.30	1.80	2.34	3.65	5.06

续表

	项目	2015	2020	2025	2030	2035	2040	2045	2050
产量	生物基BTX/Mt	0	0	0	0	0	0	0	0
CO_2减排量	氢气制甲醇（燃料）/Mt	0.0	2.3	10.1	17.6	22.6	23.9	26.0	29.1
	生物乙醇（燃料）/Mt	0.0	0.7	0.7	0.7	0.8	0.8	0.8	0.9
	合成航空煤油/Mt	0.0	0.9	4.2	7.3	9.3	11.7	16.8	22.1
	合成柴油/Mt	0.0	3.9	17.1	28.9	37.4	44.2	56.4	63.8
	氢气制甲醇（化学品）/Mt	0.0	0.0	0.0	0.1	0.2	0.3	0.5	1.1
	氢气制烯烃/Mt	0.0	0.1	0.7	2.2	4.7	8.0	14.7	29.2
	甲醇制BTX/Mt	0.00	0.04	0.31	1.07	2.30	4.03	7.55	15.23
	氢气制氨/Mt	0.0	0.0	0.3	1.0	2.1	3.5	6.5	13.0
	氢基氨合成尿素/Mt	0.0	0.0	0.1	0.2	0.5	0.8	1.6	3.1
	生物基甲醇/Mt	0.00	0.00	0.01	0.02	0.03	0.05	0.10	0.16
	生物基烯烃/Mt	0.00	0.99	2.05	3.19	4.42	5.75	7.80	9.56
	生物基BTX/Mt	未包含							
所需电力	甲醇（燃料）/TWh	0	17	76	133	171	181	197	220
	合成航空煤油/TWh	0	32	142	248	316	396	570	751
	合成柴油/TWh	0	106	469	790	1024	1211	1545	1748
	甲醇（化学品）/TWh	0.0	0.0	0.2	0.6	1.2	2.0	3.8	7.5
	BTX/TWh	0.0	1.1	8.7	29.8	64.0	112.3	210.6	424.6
	烯烃/TWh	0	3	29	92	192	330	608	1206
	氨/TWh	0.0	0.3	2.2	7.2	15.1	26.0	48.1	95.5
	氯/TWh	45	42	41	40	40	39	38	38

续表

项目		2015	2020	2025	2030	2035	2040	2045	2050
所需电力	蒸汽生产/TWh	0.0	2.0	5.2	16.2	33.7	58.8	86.8	131.2
	蒸汽再压缩/TWh	0.0	0.0	0.1	0.2	0.3	0.6	0.9	1.3
	脱碳电力2DS/TWh	1670	2002	2337	2656	2920	3087	3254	3367
	无碳电力比重（IEA 2DS）	3%	10%	33%	51%	64%	76%	102%	137%
所需CO_2	甲醇（燃料）/Mt	0	2	9	17	21	23	25	27
	合成航空煤油/Mt	0	2	7	12	16	20	29	38
	合成柴油/Mt	0	5	24	40	51	61	78	88
	甲醇（化学品）/Mt	0.0	0.0	0.0	0.1	0.1	0.3	0.5	0.9
	BTX/Mt	0.0	0.1	1.1	3.7	8.0	14.0	26.2	52.9
	烯烃/Mt	0.00	0.13	1.15	3.70	7.71	13.23	24.37	48.35
	尿素/Mt	0	0.0	0.07	0.23	0.48	0.84	1.54	3.07
	烯烃所需甲醇/Mt	0.00	0.10	0.83	2.69	5.61	9.63	17.74	35.21
所需生物质	生物基甲醇/Mt	0.00	0.08	0.25	0.62	1.15	1.86	3.44	5.47
	生物乙醇（燃料）/Mt	89.37	93.93	96.10	98.25	94.57	84.18	72.49	59.38
	生物基烯烃/Mt	0.00	4.22	8.75	13.63	18.88	24.54	38.30	53.20
	生物基BTX/Mt	0.00	0.00	0.00	0.00	0.00	0.00	0.00	0.00
被避免的CO_2排放量(能效和蒸汽)	化学品/Mt	0.0	0.2	1.4	4.6	9.7	16.7	30.9	71.4
	燃料/Mt	0.0	7.8	32.1	54.5	70.1	80.6	100.0	115.9
	效率措施/Mt	0.00	1.91	3.66	5.13	6.41	7.68	8.32	7.17
	基于蒸汽的能效/Mt	0.00	0.34	0.89	2.74	5.64	9.68	13.95	20.45
	蒸汽再压缩/Mt	0.00	0.03	0.08	0.27	0.59	1.02	1.48	2.18

附录5 最大情景历年假设、影响和需求数据

	项目	2015	2020	2025	2030	2035	2040	2045	2050
产量	氢气制甲醇（燃料）/Mt	0	8	14	24	31	37	42	49
	生物乙醇（燃料）/Mt	0.00	0.35	0.37	0.39	0.41	0.43	0.45	0.48
	合成航空煤油/Mt	0.00	2.54	4.53	7.91	10.07	14.19	21.21	29.92
	合成柴油/Mt	0	8	15	25	33	43	57	70
	氢气制甲醇（化学品）/Mt	0.00	1.55	5.41	17.29	35.96	73.10	131.62	206.25
	氢气制烯烃/Mt	0.00	0.35	1.25	3.93	8.06	17.09	29.12	41.78
	甲醇制BTX/Mt	0.00	0.17	0.58	1.89	3.97	7.70	14.79	25.28
	氢气制氨/Mt	0	0.2	0.6	1.8	5.1	9.7	14.8	19.8
	氢基氨合成尿素/Mt	0	0.1	0.3	1.0	2.8	5.3	8.1	10.9
	氯/Mt	9.58	10.07	10.58	11.12	11.69	12.28	12.91	13.57
	生物基甲醇/Mt	0.00	0.00	0.01	0.02	0.05	0.07	0.18	0.31
	生物基烯烃/Mt	0.00	0.40	0.83	1.30	1.80	2.34	4.86	7.60
	生物基BTX/Mt	0	0	0	0	0	0	0	0
CO_2减排量	氢气制甲醇（燃料）/Mt	0.0	11.5	20.1	35.2	45.2	53.8	60.7	71.7
	生物乙醇（燃料）/Mt	0.0	0.7	0.7	0.7	0.8	0.8	0.8	0.9
	合成航空煤油/Mt	0.0	4.7	8.4	14.6	18.6	26.2	39.2	55.3
	合成柴油/Mt	0.0	19.4	34.2	57.7	74.8	99.5	131.6	159.5
	氢气制甲醇（化学品）/Mt	0.0	0.0	0.1	0.3	0.7	1.4	2.1	2.8
	氢气制烯烃/Mt	0.0	0.7	2.4	7.4	15.3	32.4	55.2	79.2

续表

	项目	2015	2020	2025	2030	2035	2040	2045	2050
CO$_2$减排量	甲醇制BTX/Mt	0.00	0.29	0.99	3.22	6.76	13.13	25.21	43.10
	氢气制氨/Mt	0.0	0.3	1.0	3.1	8.6	16.5	25.2	33.8
	氢基氨合成尿素/Mt	0.0	0.1	0.2	0.8	2.1	4.0	6.0	8.1
	生物基甲醇/Mt	0.00	0.00	0.01	0.03	0.05	0.09	0.21	0.37
	生物基烯烃/Mt	0.00	0.99	2.05	3.19	4.42	5.75	11.97	18.70
	生物基BTX/Mt	未包含							
所需电力	甲醇（燃料）/TWh	0	91	159	279	358	426	480	568
	合成航空煤油/TWh	0	159	284	496	632	891	1331	1878
	合成柴油/TWh	0	532	938	1581	2048	2725	3605	4369
	甲醇（化学品）/TWh	0.0	0.2	0.6	1.8	5.0	9.6	14.6	19.6
	BTX/TWh	0.0	8.2	27.5	89.8	188.5	365.9	702.8	1201.6
	烯烃/TWh	0	27	98	308	631	1337	2279	3270
	氨/TWh	0.0	2.1	7.3	23.1	63.4	121.5	185.3	248.5
	氯/TWh	45	42	41	40	40	39	38	38
	蒸汽生产/TWh	0.0	2.0	5.2	16.3	33.9	59.0	87.1	134.7
	蒸汽再压缩/TWh	0.0	0.0	0.1	0.2	0.3	0.6	0.9	1.3
	脱碳电力2DS/TWh	1670	2002	2337	2656	2920	3087	3254	3367
	无碳电力比重（IEA 2DS）	3%	43%	67%	107%	137%	194%	268%	348%
所需CO$_2$	甲醇（燃料）/Mt	0	11	19	33	43	51	57	68
	合成航空煤油/Mt	0	8	14	25	32	45	67	94
	合成柴油/Mt	0	27	47	79	103	137	181	220
	甲醇（化学品）/Mt	0.0	0.0	0.1	0.2	0.6	1.2	1.8	2.4

续表

项目		2015	2020	2025	2030	2035	2040	2045	2050
所需 CO_2	BTX/Mt	0.0	1.0	3.4	11.2	23.5	45.6	87.6	149.7
	烯烃/Mt	0.00	1.09	3.93	12.33	25.28	53.60	91.36	131.09
	尿素/Mt	0	0.1	0.23	0.74	2.04	3.90	5.95	7.98
	烯烃所需甲醇/Mt	0.00	0.79	2.86	8.98	18.41	39.03	66.53	95.45
所需生物质	生物基甲醇/Mt	0.00	0.12	0.42	0.99	1.82	2.90	7.08	12.57
	生物乙醇（燃料）/Mt	89.37	93.93	96.10	98.25	94.57	84.18	72.49	59.38
	生物基烯烃/Mt	0.00	4.22	8.75	13.63	18.88	24.54	51.07	79.80
	生物基BTX/Mt	0.00	0.00	0.00	0.00	0.00	0.00	0.00	0.00
被避免的CO_2排放量(能效和蒸汽)	化学品/Mt	0.0	1.3	4.7	14.8	33.5	67.4	113.8	186.1
	燃料/Mt	0.0	36.3	63.4	108.3	139.4	180.3	232.3	287.5
	效率措施/Mt	0.00	1.83	3.47	4.56	4.53	3.84	2.97	2.15
	基于蒸汽的能效/Mt	0.00	0.34	0.89	2.74	5.62	9.61	13.80	20.20
	蒸汽再压缩/Mt	0.00	0.03	0.08	0.27	0.59	1.02	1.48	2.18

附录6　二氧化碳捕集技术

有三个主要途径能够有效地将二氧化碳从烟道气体中分离出来：燃烧前捕集、燃烧后捕集和富氧燃烧捕集。由于处理后的气体混合物发生了巨大变化，每一种途径需要不同的分离方法。燃烧前捕集的混合气体主要由H_2和CO_2组成，燃烧后捕集的混合气体中CO_2与N_2同时存在，而富氧燃烧捕集过程中含有的气体已经接近纯的CO_2。燃烧前和燃烧后的捕集技术已经广泛应用于特殊水溶液中烟气的洗涤。

燃烧前捕集

燃烧前捕集处理的混合气主要来自煤或其他高级烃的气化。它含有大量的二氧化碳和氢气。气化的原料通过水煤气转换步骤生产合成气。然后将剩余的二氧化碳分离。流程如附图1所示。

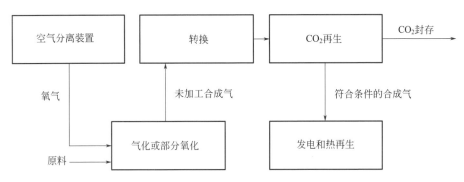

附图1 燃烧前捕集流程简图

有几种可以放大的工艺能从 CO_2 和 H_2 的混合气体中分离 CO_2。捕获二氧化碳废气的技术中最常用的是胺洗涤或胺剥离：气体经过导流通过胺溶液，与溶质发生反应。随后，气体通过降压或加热从富溶剂中释放（或分离）。典型的胺类溶剂有单乙醇胺（MEA）、二乙醇胺（DEA）或甲基二乙醇胺（MDEA）。另外，物理吸收的溶剂包括低温甲醇、N-甲基吡咯烷酮或聚乙二醇二甲醚。这些溶剂被分离，通过降压或加热释放 CO_2。所使用的溶剂决定了采用的工艺技术。

燃烧后捕集

燃烧后的混合气体主要由 CO_2、N_2 和蒸汽组成。这些混合气体不仅来自化工厂，也来自大型发电厂。由于燃烧前和燃烧后气体的组成不同，捕集技术也有所不同，但目前这两种方法在技术上都只采用了吸收过程。这些将在下一节中进行描述。燃烧后捕集过程的流程简图如附图2所示。

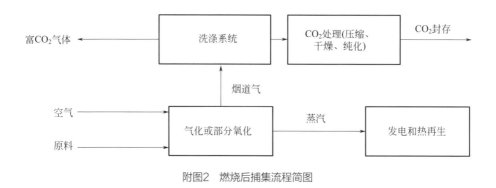

附图2 燃烧后捕集流程简图

胺洗

用有机胺（如MEA或DEA、单乙醇胺或二乙醇胺）处理气体，也称为胺洗，已在工业上得到广泛应用。处理后的气体在高压下通过稀释的胺溶液。富集在溶液中的可溶气体（CO_2或H_2S）可通过后续升温或降压释放出来。这种通过溶液分离来捕集二氧化碳的方法需要消耗大量的能量，并且伴随着巨大的压降。因此二氧化碳分离成本高昂，且大大降低了碳捕集发电厂的能源效率。

物理吸附剂

与上述胺类化学清洗液相比，物理吸附剂的负载随着压力的增加而增加。因此，高捕获率只有在CO_2分压高的情况下才能实现，即在预燃烧路径下，在IGCC电厂中进行气化和CO变换。常见的物理吸附剂有低温甲醇、聚乙二醇二甲醚或N-甲基吡咯烷酮。

富氧燃烧捕集

富氧燃烧捕集工艺已应用于发电和烟气生产（主要含有二氧化碳和水）。这种废气只需要冷凝便可分离出水，获得纯的二氧化碳。该工艺流程简图见附图3。由此产生的能源损失预计将比采用二氧化碳捕集技术的传统发电厂小得多。然而，该技术需要净化的氧气，这将提高工艺成本。

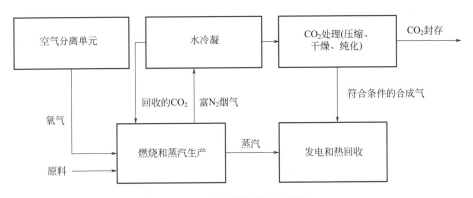

附图3　富氧燃烧捕集流程简图

近年来，为了减少从废气中分离二氧化碳所带来的能源损失，已有关于新技术的相关调查研究。尤其是膜技术，有望实现能量损失很小的捕集过程。这些过程的技术成熟度大多不超过4或5，在能够大规模应用之前，需要做大量的工作。特别是在过去几年里，欧洲、美国和澳大利亚加强了对多孔聚合物和金属有机框架膜的研究，预计在未来几年内实现90%的二氧化碳捕集量，并使能量损失低于8%。

直接空气捕集

除了从大型工厂捕集二氧化碳外，也应关注从空气中直接捕集二氧化碳。尽管这一概念还在讨论之中，目前技术成熟度没有超过2～3。空气中二氧化碳的浓度较低，只有100ppm，这导致直接从空气中捕集二氧化碳是一个重大的挑战。

美国物理学会（American Physical Society）做了以下计算，表明从植物足迹和能源需求来看，直接空气捕集应该被认为是最差的选择[130]。

一个每年捕捉1Mt二氧化碳的设备需要5个部分，每个部分高10m，长1km。要达到这个捕集量，如果空气以2m/s的速度通过，收集效率达到50%。每个部分间隔250m，则整个系统占地面积约$1.5km^2$，大约需要6个这样的系统来捕集1GW煤电厂排放的CO_2。

从混合气体中分离二氧化碳所需的理论最小能量随二氧化碳浓度呈对数变化，而不是线性变化。从初始浓度为0.04%（空气的性质）的混合物中除去二氧化碳所需的热力学最小能量大约是初始浓度12%（煤烟气体的性质）的相应最小能量的3倍。当初始浓度为0.04%时，最小值为497MJ/t CO_2（21.86kJ/mol）；当初始浓度为12%时，最小值为172MJ/t CO_2（7.58kJ/mol）。这种能量差异解释了为什么人们更倾向于从集中的来源捕集大量二氧化碳。

尾 注

[1] Innovations for Greenhouse Gas Reductions: A Life-Cycle Quantification of Carbon Abatement Solutions Enabled by the Chemical Industry, International Council of Chemical Associations, 2009, Amsterdam.
[2] Since 1990 the absolute primary energy consumption of the European chemical industry has been reduced by 22% and the GHG emissions by 59%, whilst the production of chemicals increased by 78% in the same timeframe.
[3] Accenture, Taking the European Chemical Industry into the Circular Economy, https://www.accenture.com/us-en/insight-circular-economy-european-chemical- .
[4] European Chemical Industry Facts and Figures Report 2016. http://www.cefic.org/Facts-and-Figures/.
[5] Innovations for Greenhouse Gas Reductions: A Life-Cycle Quantification of Carbon Abatement Solutions Enabled by the Chemical Industry, International Council of Chemical Associations, 2009, Amsterdam.
[6] Technology Roadmap "Energy and GHG Reductions in the Chemical Industry via Catalytic Processes"; IEA/ICCA DECHEMA, 2013.
[7] http://ec.europa.eu/eurostat/web/prodcom.
[8] Euro Chlor Industry Review 2015-2016.http://www.eurochlor.org/media/106905/euro_chlor_review_web.pdf.
[9] Fertilizers Europe Industry facts and figures 2015. http://fertilizerseurope.com/index.php?id=14.
[10] ISO/TS 14067: 2013 Greenhouse gases — Carbon footprint of products — Requirements and guidelines for quantification and communication.
[11] SPIRE Roadmap - Consultation Document, Sustainable Process Industry through Resource and Energy Efficiency (SPIRE), Brussels, Belgium, November 2012.
[12] European chemistry for growth : Unlocking a competitive, low carbon and energy efficient future; Cefic, Ecofys, 2013.
[13] See for instance: Creative Energy, 2007 European Roadmap for Process Intensification, December 2007.
[14] Industrial Process Heating - Technology Assessment.https://energy.gov/sites/prod/files/2015/02/f19/QTR%20Ch8%20-%20Process%20Heating%20TA%20Feb-13-2015.pdf.

[15] Source: Eurostat.
[16] German Environment Agency.
[17] Data from: IHS/IEA; IEA/ICCA/DECHEMA technology roadmap and Industrial Efficiency Technology Database .http://ietd.iipnetwork.org/content/ammonia.
[18] The European Heat Market, Euroheat & Power, 2006.https://www.euroheat.org/wp-content/uploads/2016/02/Ecoheatcool_WP1_Web.pdf.
[19] Empowering the Chemical Industry, TNO and ECN 2016. https://www.tno.nl/media/7514/voltachem_electrification_whitepaper_2016.pdf.
[20] Thomas Brinkmann, Germán Giner Santonja, Frauke Schorcht, Serge Roudier, Luis Delgado Sancho; JRC Science and Policy Reports "Best Available Techniques (BAT) Reference Document for the Production of Chlor-alkali", 2014.
[21] CEFIC, Ecofys "European chemistry for growth", 2013.
[22] http://www.eea.europa.eu/data-and-maps/indicators/overview-of-the-electricity-production-1/assessment.
[23] 2015 production taken from Eurochlor; development based on 1% growth p.a.
[24] http://insights.globalspec.com/article/855/changing-regulations-and-energy-costs-impact-the-global-chlor-alkali-industry assumes 8% cost advantage of membrane vs. Diaphragm.
[25] As of http://www.chemicals-technology.com/projects/dowmitsuichloralkali/.
[26] Frank Holtrup, WEC, "Potenzial für Demand Side Management der energieintensiven Industrie in Deutschland" reports these values.
[27] European Commission, "An economic and environmental analysis of the chlor-alkali production process", 1997.
[28] Study on development of water electrolysis in the EU, E4tech and Element Energy Ltd or the Fuel Cells and Hydrogen Joint Undertaking, February 2014, p. 12-13.
[29] The first industrial PtG plant – Audi e-gas as driver for the energy turnaround, Reinhard Otten, CEDEC Gas Day, Verona, May 2014.
[30] http://www.sunfire.de/en/applications/fuel.
[31] Power to Gas system solution. Opportunities, challenges and parameters on the way to marketability. Dena 2015. http://www.powertogas.info/fileadmin/content/Downloads/Brosch%C3%BCren/dena_PowertoGas_2015_engl.pdf.
[32] Commercialisation of energy storage in Europe, final report, 2015. http://www.fch.europa.eu/sites/default/files/CommercializationofEnergyStorageFinal_3.pdf.
[33] sunfire. http://www.sunfire.de/en/products-technology/reversible-generator.
[34] IEA Technology Roadmap Hydrogen and Fuel Cells, 2015.
[35] Smolinka et.al., NOW-Study: Stand und Entwicklungspotenzial der Wasserelektrolyse

zur Herstellung von Wasserstoff aus regenerativen Energien, Fraunhofer ISE, 2011.

[36] Data from "Technology Roadmap Hydrogen and Fuel Cells", IEA 2015.

[37] https://www.iea.org/publications/freepublications/publication/TechnologyRoadmapHydrogenandFuelCells.pdf.

[38] H.-J. Fell, NEL Hydrogen, NOW workshop Berlin, 2011; a 578 MW alkaline electrolysis concept of Norsk Hydro, containing 248 modules has a plant footprint of 550×350 m^2.

[39] Ecoinvent unit processes wind power plant/RER.

[40] P. L. Spath, M. K. Mann, 2004: Life Cycle Assessment of Renewable Hydrogen. Production via Wind/Electrolysis. Milestone Completion Report-NREL/MP-560-35404.

[41] A. Bode, D. W. Agar, K. Büker, V. Göke, M. Hensmann, U. Janhsen, D. Klingler, J. Schlichting, S. A. Schunk, in Proc. of the World Hydrogen Energy Conference, Gwangju, June 2014.

[42] http://monolithmaterials.com/.

[43] H. Ahmada, S.K. Kamarudina, L.J. Minggua, M. Kassim, Hydrogen from photo-catalytic water splitting process: A review; Renewable and Sustainable Energy Reviews 2015, 43, 599–610.

[44] IFA. http://www.fertilizer.org/en/doc_library/Statistics/PIT/ammonia_public.xlsx.

[45] 2013/14 benchmark. IPPC BAT Ref Large Volume Inorganic Chemicals – Ammonia, Acids and Fertilisers, p.38 shows a range of 1.15–1.4 t CO_2/t NH_3

[46] Industrial Efficiency Technology Database. http://ietd.iipnetwork.org/content/ammonia.

[47] H. Hermann, L. Emele, C. Loreck, Prüfung der klimapolitischen Konsistenz und der Kosten von Methanisierungsstrategien, p. 25-26, Berlin, 2014; retrieved 11 Sept. 2015. http://www.oeko.de/oekodoc/2005/2014-021-de.pdf.

[48] M. Matzen, M. Alhajji, Y. Demirel, Technoeconomics and Sustainability of Renewable Methanol and Ammonia Productions Using Wind Power-based Hydrogen; J Adv Chem Eng 2015, 5,128. doi:10.4172/2090-4568.1000128.

[49] J. H. Holbrook, W. C. Leighty, Renewable Fuels: Manufacturing Ammonia from http://www.hydroworld.com/articles/hr/print/volume-28/issue-7/articles/renewable-fuels-manufacturing.html.

[50] Ranges adopted from Ref. 33.

[51] A. Boulamanti, J. A. Moya, Production costs of the chemical industry in the EU and other countries: Ammonia, methanol and light olefins; Renewable and Sustainable Energy Reviews, 2016. http://dx.doi.org/10.1016/j.rser.2016.02.021.

[52] S. Schulte-Beerbühl: Herstellung von Ammoniak unter Berücksichtigung fluktuierender

Elektrizitatspreise, PhD thesis 2014.

[53] IFA. http://www.fertilizer.org/en/doc_library/Statistics/PIT/urea_public.xlsx.

[54] http://www.thyssenkrupp-industrial-solutions.com/fileadmin/documents/publications/Nitrogen-Syngas-2011/Low_Energy_Consumption_Ammonia_Production_2011_paper.pdf.

[55] J. Fugice et al. International Fertilizer Development Center (IFDC) Muscle Shoals, Alabama. https://dl.sciencesocieties.org/publications/meetings/download/pdf/2015am/93574.

[56] N. von der Assen, P. Voll, M. Peters, A. Bardow: Life cycle assessment of CO_2 capture and utilization: a tutorial review. Chem. Soc. Rev., 2014, 43: 7982-7994.

[57] Niklas von der Assen, Johannes Jung and Andre Bardow: Life-cycle assessment of carbon dioxide capture and utilization: avoiding the pitfalls. Energy Environ. Sci., 2013, 6: 2721-2734.

[58] J. Fugice, U. Singh, D. Hellums, Urea for CO_2 Fertilization, International Fertilizer Development Center (IFDC) Muscle Shoals, Alabama. https://dl.sciencesocieties.org/publications/meetings/download/pdf/2015am/93574.

[59] Prodcom data and assumed 1% p.a. increase.

[60] Technology Roadmap: Energy and GHG Reductions in the Chemical Industry via Catalytic Processes - Annexes; IEA/ICCA DECHEMA, 2013.

[61] H. Hermann, L. Emele, C. Loreck, Prüfung der klimapolitischen Konsistenz und der Kosten von Methanisierungsstrategien, p. 27, Berlin, 2014.

[62] Personal communication.

[63] 14.7kg CO_2/GJ NG according to ICF Consulting Canady, Life Cycle Greenhouse Gas Emissions of Natural Gas, 2012; calculation: 14.7kg/GJ×45.1 GJ/t×0.5 t NG/t MeOH = 0.331 t CO_2/t MeOH

[64] M. Bertau, H. Offermanns, L. Plass, F. Schmidt, H.-J. Wernicke (Eds.), Methanol: The Basic Chemical and Energy Feedstock in the Future, chpt. 8, p. 650.

[65] A. Heberle, E. Kakaras, Mitsubishi Hitachi Power Systems Europe: German Energiewende as Driving Force for New Technologies - Power Industry meets Process Industry, presentation at Energy, Science & Technology 2015, 21 May 2015, Karlsruhe, Germany.

[66] Adopted from reference 22.

[67] D. Johnson, Global Methanol Market Review, IHS 2012. http://www.ptq.pemex.com/productosyservicios/eventosdescargas/Documents/Foro%20PEMEX%20Petroqu%C3%ADmica/2012/PEMEX_DJohnson.pdf.

[68] https://www.gep.com/mind/blog/rise-lpg-petrochemical-feedstock-asia-and-europe.

[69] HVC (high-value chemicals) refers to products from naphtha cracking. This process delivers ethylene and propylene as main products, but also forms a number of other valuable by-products. Hence, energy consumption is allocated to the whole range of HVC products.

[70] https://www.siemens.com/innovation/en/home/pictures-of-the-future/research-and-management/materials-science-and-processing-eethylen.html.

[71] IEA expert consultation.

[72] Technology Roadmap: Energy and GHG Reductions in the Chemical Industry via Catalytic Processes - Annexes; IEA/ICCA DECHEMA, 2013.

[73] E. Köhler, Oil, Gas (Hamburg, Ger.) 2014, 2: 70 – 76.

[74] C. D. Chang, Mobil Research and Development Corporation, Catal. Rev.-Sci. Eng. 1983, 25(1): 1-118.

[75] http://www.methanolmsa.com (retrieved 27/08/2015).

[76] For an overview see M. Bertau, H. Offermann, L. Plass, F. Schmidt, H.-J. Wernicke (Eds) Methanol: The Basic Chemical and Energy Feedstock of the Future, chpt. 6.4.1, p. 440.

[77] http://www.methanolmsa.com (retrieved 27/08/2015).

[78] For an overview see M. Bertau, H. Offermann, L. Plass, F. Schmidt, H.-J. Wernicke (Eds) Methanol: The Basic Chemical and Energy Feedstock of the Future, chpt. 6.4.1, p. 440.

[79] http://www.lbp-gabi.de/files/sunfire_zusammenfassung.pdf.

[80] Gert Müller-Syring et al., 2013, Entwicklung von modularen Konzepten zur Erzeugung, Speicherung und Einspeisung von Wasserstoff und synthetischem Methan in das Erdgasnetz.

[81] http://www.powertogas.info/power-to-gas/pilotprojekte-im-ueberblick/?no_cache=1.

[82] Liquefied Natural Gas: Understanding the Basic Facts , US Department of Energy, 2005.

[83] U. R. Fritsche, J. Herling, Energie- und Klimabilanz von Erdgas aus unkonventionellen Lagerstätten im Vergleich zu anderen Energiequellen, Darmstadt 2012.

[84] Umweltbundesamt, Treibhausgasneutrales Deutschland im Jahr 2050, July 2014. https://www.umweltbundesamt.de/sites/default/files/medien/378/publikationen/climate-change_07_2014_treibhausgasneutrales_deutschland_2050_0.pdf.

[85] IEA, Key World Energy Statistics 2014.

[86] http://enipedia.tudelft.nl/EPRTR/CO_2_source_visualization.html.

[87] Final Conference "Technologies for Sustainability and Climate Protection: Chemical Processes and Use of CO_2", Berlin 2015, Book of Abstracts, p. 40. http://www.

chemieundco2.de/_media/Book_of_Abstracts.pdf.

[88] Cefic 2013.

[89] H.-J. Wernicke, L. Plass, W. Reschetilowski, Raw materials for methanol production, in: M. Bertau, H. Offermanns, L. Plass, F. Schmidt, H.-J. Wernicke (Eds.), Methanol: The Basic Chemical and Energy Feedstock in the Future.

[90] http://www.varmlandsmetanol.se/dokument/History%20March%2012.pdf.

[91] L. Bromberg and W.K. Cheng, Methanol as an alternative transportation fuel in the US:Options for sustainable and/or energy-secure transportation; retrieved October 2016. http://www.afdc.energy.gov/pdfs/mit_methanol_white_paper.pdf.

[92] C. Azar, K. Lindgren and B. A. Andersson. Global energy scenarios meeting stringent CO_2 constraints—Cost-effective fuel choices in the transportation sector; Energy Policy, 2003, 31, 961-976.

[93] based on 18.5 MJ/kg wood at 30% moisture content, from reference 78.

[94] S. Majer, A. Gröngröft, 2010, Environmental and economic assessment of for biodiesel production, Deutsches Biomasse Forschungs Zentrum, Leipzig, Germany, DBFZ project number 3514000.

[95] C. N., Hamelinck, A. P. C. Faaij, Production of methanol from biomass, Utrecht University 2006, NWS-E-2006-387.

[96] L. Tock, M. Gassner, F. Maréchal, Thermochemical production of liquid fuels from biomass: Thermo-economic modeling, process design and process integration analysis, Biomass and Bioenergy 2010, 34: 1838-1854.

[97] IEA-ETSAP and IRENA Technology Brief I08, Production of Biomethanol, January 2013.

[98] ePure. http://epure.org/media/1466/epure-key-figures-2015.pdf.

[99] nova paper #8 on bio-based economy 2015-11; Definition, Calculation and Comparison of the "Biomass Utilization Efficiency (BUE)" of Various Bio-based Chemicals, Polymers and Fuels.

[100] B. C. Saha, N.N. Nichols, N. Qureshi, G. J. Kennedy, L. B. Iten, M. A. Cotta, Pilot scale conversion of wheat straw to ethanol via simultaneous saccharification and fermentation, Bioresource Technology. 2014, 175:17-22. Biofuels in Europe, SenterNovem 2006.

[101] Biofuels in Europe,SenterNovem 2006.

[102] IEA-ETSAP and IRENA Technology Brief I13, Production of Bio-ethylene, January 2013.

[103] N. K. Kochar, R Merims, A. S. Padia, Gasohol Developments: Ethylene from Ethanol. Chemical Engineering Progress 1981, 77 (6): 66-71.

[104] http://news.bio-based.eu/total-confirms-will-produce-bio-ethylene-bio-ethanol/.
[105] The launch or a new bioethylene production process, Chem. Eng. 2014, May, 11.
[106] Based on ref.. 103; the report provides numbers in US$; exchange rate of 1.30 €/US$ (2012) has been used.
[107] http://www.icis.com/blogs/green-chemicals/2010/11/braskem-to-build-bio-pp-plant/.
[108] N. Popoff, E. Mazoyer, J. Pelletier, R. M. Gauvin, M. Taoufik, Chem. Soc. Rev. 2013, 42, 9035–9054; DOI: 10.1039/c3cs60115c.
[109] A. J. J. Straathof, Chem. Rev. 2014, 114, 1871–1908. DOI: 10.1021/cr400309c
[110] J. Lane, Biofuels Digest, March 6, 2014.
[111] M. Iwamoto, S. Mizuno, M. Tanaka, Chem. Eur. J. 2013, 19: 7214 – 7220.
[112] T. W. Lyons et al., J. Am. Chem. Soc. 2012, 134, 15708 – 15711, DOI: 10.1021/ja307612b
[113] K. Wagemann, Production of Basic Chemicals on the Basis of Renewable Resources as an Alternative to Petrochemistry?
[114] T. R. Carlson, Y.-T. Cheng, J. Jae, G. W. Huber, Energy Environ. Sci. 2011, 4, 145.
[115] Biomass Futures, Atlas of EU biomass potentials, 2012.
[116] J. Zeddies, N. Schönleber, Literaturstudie "Biomasse - Flächen - und Energiepotenziale", December 2014.
[117] EU ETS data 2015, http://www.eea.europa.eu/data-and-maps/data-viewers/emissions-trading-viewer-1.
[118] Bajohr/Graf/Götz 2013; S. Bajohr, F. Graf, M. Götz, "Bewertung der Kopplung von PtG-Konzepten mit einer Biomassevergasung", gfw-Gas, 4/2013, 222-226.
[119] Ausfelder et al. "Energiespeicher als Element einer sicheren Energieversorgung"; Chem. Ing. Tech. 2015, 87, No. 1-2, 17-89.
[120] https://www.thyssenkrupp.com/de/carbon2chem/.
[121] World Steel Association, World steel in figures 2016.
[122] Technical background on the LanzaTech Process, http://www.arpae-summit.com/paperclip/exhibitor_docs/14AE/LanzaTech_Inc._131.pdf.
[123] http://www.steelanol.eu/.
[124] Microbial fermentation of gaseous substrates to produce alcohols, WO 2007117157 A1
[125] R. M. Handler, D. R. Shonnard, E. M. Griffing, A. Lai, I. Palou-Rivera, Life Cycle Assessments of Ethanol Production via Gas Fermentation: Anticipated Greenhouse Gas Emissions for Cellulosic and Waste Gas Feedstocks; Ind. Eng. Chem. Res. 2016, 55: 3253–3261.
[126] Accenture, Taking the European Chemical Industry into the Circular Economy.

https://www.accenture.com/us-en/insight-circular-economy-european-chemical-industry.

[127] http://www.iea.org/etp/etp2016/.

[128] Under current rules, CCU is not supported by the European Emissions Trading System, since it (with a few notable exceptions) does not lead to a permanent removal of CO_2 from the atmosphere.

[129] BIC Strategic Innovation and Research Agenda (SIRA) -Bio-based and Renewable Industries for Development and Growth in Europe. http://biconsortium.eu/sites/biconsortium.eu/files/downloads/BIC_BBI_SIRA_web.pdf.

[130] Direct Air Capture of CO_2 with Chemicals - A Technology Assessment for the APS Panel on Public Affairs, APS 2011.